国家社会科学基金重大项目：
创新驱动下中国企业人力资源管理多模式比较及策略选择研究（17ZDA057）

国家自然基金面上项目：
中国企业组织情绪能力形成、结构及其对组织创新的影响研究
——战略人力资源管理的视角（71172109）

STUDY ON THE RELATIONSHIP OF LEADERSHIP STYLE,
ORGANIZATIONAL EMOTIONAL CAPABILITY AND
ENTERPRISE INNOVATION:

领导风格、组织情绪能力与企业创新的关系研究

——基于中国汽车制造行业的调查

on the Survey of China's Automobile Manufacturing Industry

童金根·著

中国财经出版传媒集团

经济科学出版社
Economic Science Press

图书在版编目（CIP）数据

领导风格、组织情绪能力与企业创新的关系研究：
基于中国汽车制造行业的调查/童金根著. —北京：
经济科学出版社，2018.12

ISBN 978－7－5218－0161－3

Ⅰ.①领…　Ⅱ.①童…　Ⅲ.①汽车企业－企业创新－
研究－中国　Ⅳ.①F426.471

中国版本图书馆 CIP 数据核字（2019）第 011836 号

责任编辑：李　雪
责任校对：曹育伟
责任印制：邱　天

领导风格、组织情绪能力与企业创新的关系研究
——基于中国汽车制造行业的调查

童金根　著

经济科学出版社出版、发行　新华书店经销
社址：北京市海淀区阜成路甲 28 号　邮编：100142
总编部电话：010－88191217　发行部电话：010－88191522
网址：www.esp.com.cn
电子邮件：esp@esp.com.cn
天猫网店：经济科学出版社旗舰店
网址：http://jjkxcbs.tmall.com
固安华明印业有限公司印装
710×1000　16 开　15.5 印张　220000 字
2019 年 2 月第 1 版　2019 年 2 月第 1 次印刷
ISBN 978－7－5218－0161－3　定价：58.00 元
（图书出现印装问题，本社负责调换。电话：010－88191510）
（版权所有　侵权必究　打击盗版　举报热线：010－88191661
QQ：2242791300　营销中心电话：010－88191537
电子邮箱：dbts@esp.com.cn）

序　一

中国已连续多年成为世界汽车第一产销大国，中国汽车产销量已接近世界1/3。在中国由汽车制造大国走向汽车制造强国的道路上，业界多专注于创新，这并没有错，但是，企业组织管理可能是我们更短的短板。

党中央改革开放的伟大决策和经济全球一体化浪潮的叠加，给中国经济的发展，包括中国汽车产业的发展，创造了非常难得的历史机遇。40年来，中国汽车产业在党和国家的正确领导下，全行业发奋努力、勇于创新，取得了举世瞩目的进步。但任何好的事情都有不利的一面。良好的技术引进机遇，一定程度上延误了我们自主创新的发展；市场的迅速扩大，一定程度上掩盖了我们在组织管理上的弱点。现在我们进入中国特色社会主义新时代，中国汽车产业要从制造大国走向制造强国，就要求我们迅速补上自主创新和组织管理的短板。

童金根同志所著《领导风格、组织情绪能力与企业创新的关系研究——基于中国汽车制造行业的调查》，可能对行业提高企业、组织管理的水平，起到积极的促进作用。

本书专注于企业、组织的领导风格、组织情绪能力对技术研发员工创新行为和企业创新的影响。建立了中国企业组织情绪能力六维度结构模型，构建了转换型/交易型领导风格、组织情绪能力与企业创新之间关系的框架模型，引入了集体主义导向这一调节变量来考察在转换型/交易型领导与组织情绪能力之间的权变效应。应该对于有志于提高自己的领导能力，提高自己所领导的企业、组织的创新能力的专业人士有所帮助。于是本人向大家推荐这本书。

2018 年 9 月 20 日

序　二

中共十八大以来，实施创新驱动发展战略成为国家的一项重要战略决策。在社会主义市场经济中，企业是自主创新的主体，这个创新主体的作用如何被充分调动和发挥十分关键。当前，在国际竞争中，我们面临着核心技术受制于人的窘境。如何引导、激励、推动企业研发人员投入到创新活动中去，做出有价值的创造性贡献是一个值得深入探索的重要课题。在这方面，国家自然科学基金和国家社会科学基金都将之作为一个重要领域鼓励学者们深入探索研究。

我们的前期研究表明："创新"蕴含着个体、群体与组织因素的社会化交互过程，除去人、财、物等硬件因素之外，一些软性因素，如"情绪""氛围"也将促进或者阻碍工作场所中创新的产生。其中，组织情绪作为组织能量的一种重要来源，将会对组织创新行为和结果产生重要影响。而基于集体情绪的相关组织能力分析，将为从组织层面理解群体行为、战略行动的情绪驱动力提供一条新途径。在实施创新驱动发展战略背景下，将组织情绪能力引入组织行为、创新管理和人力资源研究领域，将为揭示创新的组织行为奥秘提供一个崭新视角。当前，我国"情绪能力"研究还集中于个体层面，对创新型企业的组织情绪能力问题及其对组织创新的作用影响展开研究，不仅是组织管理研究的一项基础命题，也将为丰富、扩展创新管理实践提供借鉴。

正是在此背景下，童金根同志出版了相关研究专著《领导风格、组织情绪能力与企业创新关系研究——基于中国汽车制造行业的调查》。本书以我国汽车制造企业为研究对象，通过实证调研和问卷分析，探讨了中国企业，特别是汽车科技企业中的领导风格、组织情绪能力与企业创新之间的作用机制。这项研究成果无疑具有重要的理论意义和现实意义。

作者以崭新的视角，以汽车制造企业研发人员为调查对象，在领导风格与企业创新之间，创新性地引入组织情绪能力这一变量，并验证其在二者之间的中介作用，探讨了组织情绪能力与企业创新之间的影响机制。研究证明，组织情绪能力作为一个重要中介变量，在一些调节变量的作用下，对推动企业创新发挥着重要的基础性作用。本书不仅丰富了领导风格对创新行为作用的相关理论框架，更在一定程度上深化了企业组织情绪能力作用机制的相关探索。另外，作者指出，在集体主义的背景下，领导风格与组织情绪能力相结合，会产生对创新结果变量的调节效应，拓展了中国企业背景下组织行为和领导风格研究空间。本书对于组织创造力、组织情绪能力等概念的探索突破了国外现有成果的研究框架，并首次在中国文化背景下，挖掘了集体主义导向的情境作用，通过质性研究和实证研究，为组织情绪能力理论的发展提供了情境支持，对于中国企业管理实践问题具有重要的指导意义。

从现实角度看，本书积极响应了《中国制造2025》等相关政策文件，为企业如何激发员工创新的管理实践实施提供了理论指导。同时指出，通过培养、引导和灌输员工集体主义感，有利于提高企业调控自身情绪的能力，间接或直接地推动企业员工创新。此外，本书也通过分析转换型领导行为各个维度与企业创新之间的关系，为企业管理者了理解领导行为与创新行为之间的关联、提高自身管理水平提供了积极借鉴。

本书是在童金根同志博士论文的基础上修改完成的，该研究是国家社会科学基金重大项目：创新驱动下中国企业人力资源管理多模式比较及策略选择研究（17ZDA057），国家自然科学基金面上项目：中国企业组织情绪能力形成、结构及其对组织创新的影响研究—战略人力资源管理的视角（71172109）的重要组成部分。

童金根同志围绕汽车行业的组织情绪能力相关问题，得出了具有理论意义和实践意义的研究成果。作者得出的结论不但丰富了人们对于汽车产业人才管理实践的认识，也对进一步把握创新环境发展和激发人才活力提供了重要参考。我非常高兴看到本书出版，同时期待着以童金根同志为代表的中国汽车产业人才在今后的理论和现实问题研究中做出更多贡献，为我国汽车产业的发展助力添彩。

2018 年 9 月 27 日

前　　言

　　企业的自主创新能力是国家自主创新的基础，在当前创新驱动发展战略背景下，创新成为企业在市场竞争中突出重围的关键途径，如何推动企业的自主创新以实现核心技术突破是企业界和学术界共同关注的课题。创新是一个复杂的过程，组织内存在多种因素会影响创新的产生，领导是推动和引领创新的关键人物，领导的行为和态度在很大程度上会影响组织内部创造力的发挥，因此探讨不同领导风格对企业创新的影响作用是个有意义的主题。作为一种情绪性劳动，创新不可避免地会受到组织内情绪因素的影响，组织情绪能力能够引导组织成员调整情绪感知，帮助组织监测和调控内部情绪动态，以便更好地投入到创新工作中去，进一步来说，组织情绪能力对于企业创新的影响是一种内化过程，但对于二者之间的作用关系研究国内还尚不多见。因此，围绕组织情绪能力，探讨领导风格对企业创新的影响机制，既扩展了创新的研究领域，也为企业推动创新提供了新的工作视角。

　　本书围绕"领导风格、组织情绪能力与企业创新的关系"这一研究主题，综合企业能力理论、领导风格理论和创新理论的研究成果，采用理论分析、调研访谈、实证研究等方法，在文献回顾的基础上，构建理论模型，通过实证研究、案例分析检验概念模型，加深对于本研究概念模型的理解。本书系统探讨了组织情绪能力的概念特征，设计了组织情绪能力的测量量表，研究了集体主义导向在转换型领导与组织情绪能力之间的调节效应，以及组织情绪能力对企业创新之间的内化作用机制。

　　本书主要结论总结如下：

（1）建立了中国企业组织情绪能力六维度结构模型。本书通过实证分析发现，中国企业的组织情绪能力可以从鼓励、自由表达、情感体验、合作交流、身份认同、组织包容六个维度进行具体测量和评价。研究结果显示，组织情绪能力六维度结构具有良好的信度和效度，达到了最佳拟合效果，可以为组织情绪能力的评价提供更多参考依据。此外，本书依据被调查者所在企业的所有制形式，进行了差异验证和对比分析。研究结果表明，我国企业的属性不同，在组织情绪能力的不同维度上会表现出或多或少的差异。国内关于组织情绪能力的研究较少，相关的实证研究处于起步阶段，本书发展了适用于中国创新型企业的组织情绪能力测量问卷，为组织情绪能力理论的研究提供了分析工具，奠定了实证分析的基础。

（2）构建了转换型/交易型领导风格、组织情绪能力与企业创新之间的关系的框架模型。本书表明，转换型领导风格（包括理想化影响、精神鼓舞、才智启发、个别关怀）和交易型领导风格会对组织情绪能力整体变量及组织情绪能力的相关维度变量产生较强的正向影响作用。同时，以上两种特定的领导风格均对组织创造力、探索式创新和利用式创新表现出较强的正向作用关系，而组织情绪能力（包括鼓励、自由表达、情感体验、合作交流、身份识别、组织包容）在以上两种关系中起到中介作用。关于转换型领导和交易型领导对组织情绪能力和企业创新的影响作用分析，进一步深化和扩展了目前组织情绪能力的研究领域，以实证方式在特定领导风格与企业创新之间建立起关联联系，推动了组织情绪能力在国内的研究与发展。同时，本书研究证明，组织情绪能力作为一个重要中介变量，在推动企业创新层面发挥重要的基础性作用。

（3）引入了集体主义导向这一调节变量来考察在转换型领导/交易型领导与组织情绪能力之间的权变效应。本书通过实证发现，集体主义导向能够正向调节转换型领导与组织情绪能力之间的作用关系，当组织内的集体主义导向较强时，领导者的鼓舞和关怀会增强组织的凝聚力，促进组织成员行为的一致性，转换型领导对组织情绪能力的影响作用也更强，反之，当组织内的集体主义导向较弱时，个人主义占主导作用，领导者的影响在个人身上会产生不同的作用，组织成员更关注自身的情绪感受而忽略组织整体的统一，成员之间的相互抵制和竞争会降低组织的一致性和行动力，转换型领导对组织情绪能力的影响作用也会减弱。本书将领导风格与组织情绪能力的关系研究置于特定的中国文化背景情境下，挖掘了集体主义导向的情境作用，为组织情绪能力理论的发展提供了情境支持。

目录

第 *1* 章

绪　　论

1.1　研究背景

1.1.1　现实背景

近年来，伴随着国外经济环境的变换和国内经济发展模式的改变，中国现有的经济形态已经难以支撑经济的增长和规模的迅速扩张，原有的经济增长动力正在逐步减弱。2016 年，中国 GDP 同比增长 6.7%，创下 25 年来历史新低。内忧外患的经济形势下，中国经济必须改变固有的发展模式，以适应经济新常态下的发展环境。

新常态背景下的科技革命和产业格局重组将为我国制造业带来重大改变，《中国制造 2025》针对当前的经济形态，制定了力争通过 3 个 10 年的努力把我国建设成为引领世界制造业发展的制造强国的目标。作为国民经济增长的主要支撑产业，制造业当前面临的最突出问题就是自主创新能力不强，如何把握战略强国带来的机遇，改变当前大而不强的尴尬局面,是全行业面临的紧要任务。以制造业中的汽车制造业为例,其专业分工与集成的特点,决定了汽车技术研发既需要个人的创新精神,更需要团队、企业整体的智慧,这使得管理者必须为员工提供更加人性化的工作条件。由于创新过程和创新水平本身难以量化,传统的以工资换取劳动的交易型领导无法最大限度激发创新动机,而转换型领导通过精神上的鼓舞、关怀以及自身的人格魅力,往往更能推动员工的创新。在当前变革的经济环境下,企业的创新和技术研发将以试验型和验证型为主导趋势,这要求技术人员更高的创新水平,也对管理者的领导方式提出了要求,企业能否包容员工的错误,在存在失败可能性时,仍然鼓励试错行为,这对企业管理方式是个挑战。

经济发展的转型升级改变了企业原有的战略方向和业务模式,也必然会颠覆传统领导的权威管理,对现有领导者也提出了新的要求。企业在从事传统产业经营时,面临的生产压力和竞争环境都比较平缓,采用交易型领导足以满足管理需求,但在激烈竞争和频繁变换的情境下,必须采用更加具备适应性的管理方式。众多企业也从提升员工创新能力的角度出发,对人力资源管理进行了调整:房地产巨头万科制定了实业合伙制,鼓励管理者与普通员工事业"共创"、利益"共享"、风险"共担",消除上下级的阶级观念,改变传统激励模式,调动员工参与企业经营的积极性;家电业龙头老大海尔进行了组织结构创新,实行倒三角架构,驱动员工自我经营自我创新;农牧业巨头新希望通过转变管理者领导方式,努力激活组织内部的存量动力,专注于创新型团队建设,为有能力的创新型人才提供发展的空间和平台,促使更多人参与到企业的创新升级中。

说到创新不得不提华为。作为一家科技型企业,华为在 2016 年实现销售收入 5200 亿元,同比增速 32%,在经济严冬持续情况下,华为的业绩一马当先,这与华为教父任正非提出的"战略耐性"不无关系。在当今中国企业全员浮躁的环境下,能够做到耐住寂寞、摒弃浮躁、执着专一,才能保证个体与企业的持续发展。这种"耐性"与本克强总理提出的"工匠精神"不谋而合。对于创新工作而言,不但需要个人的工匠精神，更需要企业的组织耐性，这种"耐性"为员工提供从容、踏实的创新环境，使企业和员工保持稳定的情绪状态。从华为的例子可知，这种情绪状态显然是有利于企业创新的，这值得企业管理者深思，也为管理研究提出了新的课题。

总之，环境的快速变化与技术的不断革新使创新成为企业生存和持续发展的关键手段，当今的中国企业必须在这种艰巨的形势下坚持创新发展，唯有创新才能解决当前面临的发展困境。在这种大环境下，企业如何把握这种创新发展机遇，深入分析制约企业创新能力的主要因素，提高企业自主研发能力就显得格外关键。

1.1.2 理论背景

知识以个人为载体，个人也是创新的最小实现单元，创新往往由个体提出创造性想法开始，经由不断的团队讨论和组织讨论，最终得以实现，企业的创新成果，既是个体创造力的体现，也是组织整体创新的基础和核心要素（Van de Ven，1989；Scott，1994；King，1992；Amabile，1988）。在当前动态经济环境下，能否有效地促进企业创新，成为评价企业领导者管理水平的重要指标之一，众多学者试图在理论和实证上探讨这个问题：对于企业创新来说，领导意味着什么。研究者普遍认为，企业的创新会受到多种因素的影响，但对于企业员工而言，每天接触最多的就是自己的领导者，员工的行为和情绪必然受到领导者行事风格的影响（Amabile，2004）。由于创新工作面临的压力和风险共存，没有足够的自主意愿将很难完成，因此内部动机对于创新工作尤为重要（Mackenzies，2011；Oldham，2001）。作为推动企业创新的关键环节，对于领导风格的探讨一直是管理学界的重要话题，因此，从领导风格角度研究促进个体创新的作用机制，从而推动企业的技术创新转型就显得格外有意义（Shalley，2004）。

企业的创新能力由员工创新能力的大量汇集整合而成，创新是一个复杂的认知过程，必然伴随每个人不同的情绪体验（George，2007）。个体的情绪感知构成了整个组织的情绪能力，于伊（Huy，1999）将组织能力与情绪管理相结合，提出组织情绪能力的概念，并运用鼓舞、自由表达、组织包容、合作交流、身份认同等维度来描述组织情绪能力，而其中的鼓舞、自由表达又与转换型领导的部分维度重合，他们之间的关系值得深入探讨。相比于交易型领导，转换型领导更善于运用自身魅力以及对下属的关心和鼓励加强上下级之间的情感纽带，将员工的个人发展与组织的长久生存紧密联系在一起。少部分国外文献中，将个体的情绪作为影响因素，加入领导角色对创新行为的作用模型中，在对创新的研究中，情绪可以作为一个新的视角进行考虑（Isen，1987；George & Brief，1992）。国内方面关于组织层面情绪能力与企业创新之间关系，以及组织情绪能力在领导风格与企业创新之间的影响作用的相关研究，国内还尚不多见。

西方文化以个人主义为主流，这与我国的传统文化背景有很大差异，而现有文献中关于领导风格的研究多以西方学者的研究为主导，作为组织文化的重要维度之一，集体主义维度在当前跨文化研究中得到广泛的重视（时勘等，2015）。虽然随着经济发展，人们的传统观念已经发生了较大转变，但长久以来积淀的集体主义价值观导向仍然会影响人们的生活方式和工作行为。转换型领导风格使具有集体主义导向的个体在组织中更具归属感，更愿意为组织利益不断改善工作流程、提出新创意。以往的研究证实，在集体主义导向为主的组织环境中，领导风格对于个体创新行为的影响作用更强（李民祥等，2015），关于领导风格与组织情绪能力之间，集体主义是否起到调节变量的作用，国内还尚未有人提出相关研究。

因此，本书以"领导风格、组织情绪能力与企业创新关系研究"为主题，以汽车制造行业相关企业研发部门为研究对象，主要从组织情绪能力的角度，研究领导风格与企业创新的影响关系，并探讨组织情绪能力在领导风格和企业创新之间的中介作用。同时引入集体主义导向变量，研究其在领导风格、组织情绪能力和企业创新的影响机制中所起的作用。

1.2 研究意义

1.2.1 现实意义

本书从组织情绪能力的角度，深入探讨领导风格对企业创新的影响机制，具有重要的实践意义。

第一，积极响应《中国制造2025》等相关政策方针，为企业激发员工创新积极性、提升企业自主创新能力等方面提供了理论指导实践支持。自主创新是近几年国家发展的重要战略方针，创新驱动发展战略中更是明确指出企业应坚定不移地走自主创新之路，因此，在我国大力倡导建设创新型国家、提升企业创新能力的大环境下，深入分析如何推动企业创新具有重要的现实意义。

第二，有助于企业选拔创新型人才。在探讨领导风格与企业创新之间内在关系的过程中发现，集体主义导向能够起到调节作用，组织情绪能力起到中介作用，通过培养、正确引导员工的集体主义感，营造集体主义氛围，提高企业控制和检测自身情绪的能力，能够间接或直接地推动企业员工创新。因此，企业在选拔人才时，可以更多地关注具有集体主义意识和情绪稳定性较好的员工。

第三，通过分析转换型领导行为各个维度与企业创新之间的关系，厘清了领导行为与创新行为之间的联系，为企业管理者提高自身管理水平提供借鉴。这些结论为管理实践提供可靠的实证支持，也为企业管理层提供行为参考。

1.2.2 理论意义

本书具有一定的理论意义。

第一，霍奇柴尔德（Hochschild）在 1979 年对工作中情绪问题的关注使情绪在管理学界的研究开始得到重视。20 世纪 90 年代，国内的情绪研究开始起步，但相关的实证性研究并不多见，关于组织情绪能力的讨论更是少之又少。本书以汽车制造企业研发人员为样本，在领导风格与企业创新之间，创新性地引入组织情绪能力这一变量，并验证其在两者之间的中介作用，在一定程度上完善了组织情绪能力的相关理论研究。

第二，有关组织情绪变量的研究是近三四年才发展起来的，本书在集体主义的背景下，首次将领导风格与组织情绪能力相结合，验证了集体主义导向在两者之间的调节效应，丰富了领导行为相关理论。

第三，在创新研究中引入组织情绪能力。由于组织的创新活动承载了内部的各种情绪，组织的情绪能力必然起到重要的调控作用。本书探讨了组织情绪能力与企业创新之间的影响机制，验证了组织情绪能力在转换型领导风格与企业创新之间的中介作用，丰富了领导风格对创新行为的内化过程的理论研究。

1.3　研究思路与研究方法

1.3.1　研究思路

本书围绕组织情绪能力这一新兴研究主题，以中国汽车制造行业相关企业的研发部门为调研对象，在文献综述和质性研究的基础上，确定本书理论框架，通过对调研数据进行实证分析，探索中国企业背景下转换型领导风格和交易型领导风格如何通过组织情绪能力作用于企业内的探索式创新和利用式创新，以及对组织创造力的影响作用；与此同时，本书通过分析集体主义导向在转换型领导与组织情绪能力之间的调节机制，为组织建立适用于中国企业的创新情绪环境提供指导和启发。

1.3.2 研究方法

（1）文献综述法。以领导行为理论和企业能力理论为基础，对领导风格理论的研究发展进行梳理，对交易性领导和转换型领导进行重点概念分析；讨论创新的概念及其影响因素；结合相关文献梳理，对个体情绪、情绪智力、情绪劳动等情绪理论相关研究进行回顾，为建立理论模型和提出研究假设奠定基础。

（2）问卷调查法。根据相关文献回顾，提出本书的理论模型，参考国外领导行为、组织情绪能力、组织创造力、集体主义等相关变量的成熟量表，在我国选择汽车制造行业相关企业作为调研对象，采用问卷调查的方法搜集数据。

（3）定量研究法。运用 SPSS、AMOS 等统计分析软件对领导风格、组织情绪能力与企业创新的作用关系进行验证，对领导风格和组织情绪能力的维度模型进行检验，以调研的样本数据为基础，运用 AMOSS、SPSS 软件进行验证性因子分析和探索性因子分析以及显著性检验。

（4）案例分析法。选取典型案例，运用扎根理论，研究企业领导风格、组织情绪能力和企业创新在实践中的应用，提出发挥领导有效性，促进员工创新的管理策略。

1.4 技术路线与内容安排

1.4.1 技术路线

如图 1-1 所示。

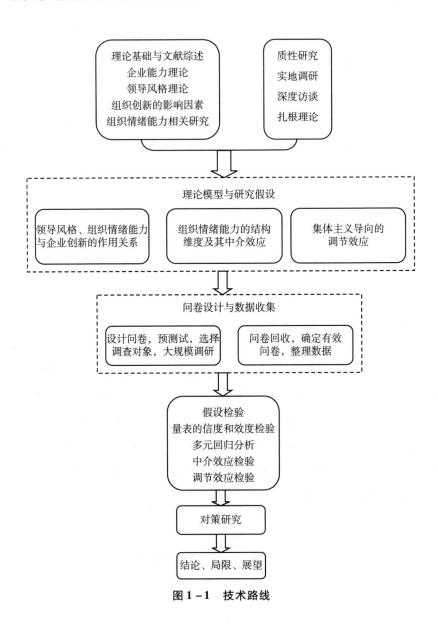

图 1-1　技术路线

1.4.2　内容安排

第 1 章绪论。介绍本书的研究背景、研究意义、研究思路与研究方法、技术路线、内容安排及主要创新点。

第2章理论基础与文献综述。主要包括：企业能力理论相关研究；组织创新的相关研究，包括创新的概念及影响因素；组织情绪能力相关研究；领导风格理论相关研究，包括领导风格理论的发展、转换型领导与交易型领导的概念以及研究述评。

第3章领导风格对企业创新影响关系的质性研究。以国内某汽车零部件制造企业为例，运用扎根理论分析特定的企业领导风格、组织情绪能力与企业创新之间的相互关系，提出利于员工创新的管理策略。

第4章理论模型构建与研究假设提出。在文献综述和质性研究的基础上，界定相关研究变量的概念，提出以转换型领导和交易型领导为自变量、企业创新为因变量（包括组织创造力、探索式创新、利用式创新）、组织情绪能力为中介变量、集体主义导向为调节变量的研究假设模型，梳理研究思路，根据理论模型提出研究假设。

第5章问卷设计与数据分析。根据已有相关研究选取测量量表，设计调查问卷，通过小规模访谈和问卷预测试，对调查问卷进行修正以提高正式问卷的信度和效度。正式调查以中国汽车制造行业的研发人员为调研对象，发放正式问卷625份。问卷调查与发放主要依靠本人所在工作单位的便利条件，针对中国重汽、一汽、东风等汽车行业的研发人员发放问卷。问卷主要包括以下内容：（1）填写者与企业的基本信息；（2）领导风格相关内容，包括转换型领导和交易型领导；（3）组织情绪能力；（4）企业创新相关内容，包括组织创造力、探索式创新和利用式创新；（5）集体主义导向，对问卷收集的样本数据进行探索性因子分析，确认量表中各变量的维度，并进行累计贡献率、KMO样本充分性、Cronbach'a信度等方面的检验。

第6章假设检验。根据第5章样本数据的分析结果，对研究变量进行描述性统计及相关分析，分析控制变量对结果变量的影响，在此基础上，在考虑控制变量的前提下，通过层级回归分析，检验转换型领导风格各个维度对企业创新（包括组织创造力、探索式创新和利用式创新）的影响作用、组织情绪能力的中介效应以及集体主义导向的调节作用。

第 7 章提升企业创新能力的对策研究。从两个方面提出有利于企业创新能力提升的对策措施：在企业情绪能力方面，通过情感激励激发员工的内在工作动力，在企业内建立项目团队等组织形式增强内部凝聚力等；在企业领导者管理方面，选择适合本企业的管理风格，加强管理者的自我修炼，不断提升管理水平。

第 8 章研究结论、局限与展望。总结全书，包括研究结论、研究局限及研究展望。

1.5　主要创新点

如何推动企业创新是增强企业创新原生动力、提高创新水平迫切需要解决的问题，本书针对以往在微观视角上对企业创新方面研究的不足，围绕组织情绪能力这一新兴管理概念，探讨了中国企业组织情绪能力、转换型领导和交易型领导、集体主义导向、组织创造力、探索式创新、利用式创新之间的作用关系，取得了以下创新性的研究成果。

第一，建立了中国企业组织情绪能力六维度结构模型。

本书通过实证分析发现，中国企业的组织情绪能力可以从鼓励、自由表达、情感体验、合作交流、身份认同、组织包容六个维度进行具体测量和评价。研究结果显示，组织情绪能力六维度结构具有良好的信度和效度，达到了最佳拟合效果，可以为组织情绪能力的评价提供更多参考依据。组织情绪能力测量量表的主要参考依据是爱科恩·哈利特·凯斯金（Akgün Halit Keskin, 2009）、约翰·伯恩（John Byrne, 2009）等人文献中的测量量表。此外，本书依据被调查者所在企业的所有制形式，进行了差异验证和对比分析。研究结果表明，我国企业的属性不同，在组织情绪能力的不同维度上会表现出或多或少的差异。我国国内关于组织情绪能力的研究较少，相关的实证研究更不多见，本书发展了适用于中国创新型企业的组织情绪能力测量问卷，不但为组织情绪能力理论的研究提供了分析工具，奠定了实证分析的基础，而且统计调查结论有助于中国企业组织情绪能力的深入研究。

第二，揭示了转换型/交易型领导风格、组织情绪能力与企业创新之间的关系。

本书表明，转换型领导风格（包括理想化影响、精神鼓舞、才智启发、个别关怀）和交易型领导风格会对组织情绪能力整体变量及组织情绪能力的相关维度变量产生较强的正向影响作用。同时，以上两种特定的领导风格均对组织创造力、探索式创新和利用式创新表现出较强的正向作用关系，而组织情绪能力（包括：鼓励、自由表达、情感体验、合作交流、身份识别、组织包容）在以上两种关系中起到中介作用。关于转换型领导和交易型领导对组织情绪能力和企业创新的影响作用分析，进一步深化和扩展了目前组织情绪能力的研究领域，以实证方式在特定领导风格与企业创新之间建立关联，推动了组织情绪能力在国内的研究与发展。同时，本书研究证明，组织情绪能力作为一个重要中介变量，在推动企业创新层面发挥重要的基础性作用。

第三，验证了集体主义导向在转换型领导/交易型领导与组织情绪能力之间的调节效应。

当前，关于领导风格、集体主义导向与组织情绪能力的研究报道尚不多见，相关的实证分析更为稀少。本书通过实证发现，集体主义对组织情绪能力有显著的正向作用，同时，转换型/交易型领导风格也对组织情绪能力产生较强的正向影响作用。以上结论是首次在中国背景下，对爱科恩（2009）的西方相关研究的实证支持。本书进一步发现，集体主义导向在转换型领导与组织情绪能力之间扮演调节角色。当组织内的集体主义导向较强时，组织成员的感知和行为会趋于统一，领导者的鼓舞和关怀会增强组织的凝聚力，促进组织成员行为的一致性，转换型领导对组织情绪能力的影响作用也更强；反之，当组织内的集体主义导向较弱时，个人主义占主导作用，领导者的影响在个人身上会产生不同的作用，组织成员更关注自身的情绪感受而忽略组织整体的统一，成员之间的相互抵制和竞争会降低组织的一致性和行动力，转换型领导对组织情绪能力的影响作用也会减弱。本书将领导与组织情绪能力的关系研究置于特定的中国文化背景情境下，挖掘了集体主义导向的情境作用，为组织情绪能力理论的发展提供了情境支持。

第 2 章

理论基础与文献综述

如何推动企业创新一直是学界和业界关心的热点问题，作为企业能力的维度之一，情绪能力也被纳入企业创新的研究领域内。本章首先对企业能力理论、创新理论等理论基础进行阐述，其次对与本书相关的领导风格、组织情绪能力、企业创新等方面的研究进行文献回顾，并做简要述评，以发现现有研究的不足之处，并为后续研究做好铺垫。

2.1　企业能力理论相关研究

2.1.1　企业能力理论概述

企业能力理论是 20 世纪 90 年代开始发展起来的一种新兴理论，成为理论界和企业界不断探讨的热点问题之一。它起源于企业战略理论，并进而对企业理论甚至产业组织理论都产生了越来越大的影响。企业能力理论是关于以企业内部资源形式存在的企业竞争优势的形成、保持和更新的理论（Foss，1996），其目标是以企业内部资源的特性和动力来解释企业竞争优势的创新性、持久性和不断更新性（Wenerfelt，1984）。这一理论表明了企业在资源的拥有方面各不相同，资源异质性是企业竞争优势产生的基本条件（Barney，1991）。能力理论试图寻求企业竞争优势的源泉并以企业能力和资源界定企业的边界。

围绕着企业如何在动荡的环境中获得、保持持久的竞争优势这一中心问题，以资源为基础的企业理论、企业能力理论、企业核心能力理论、企业动态能力理论及基于知识的企业理论等对它做出了不同解释，形成了广义的企业能力理论的基本框架。上述理论的共同之处在于，都把对企业竞争优势来源的探讨从企业外部转向了企业内部，都认为与企业外部条件相比，企业内部条件对于企业获得市场竞争优势有着决定性的作用，企业内部资源、能力的积累是解释企业获得超额收益和保持竞争优势的关键。

2.1.2　企业能力理论的产生与发展

企业能力理论是建立在企业内在成长理论基础之上的，其源头可以追溯到古典经济学家亚当·斯密的劳动分工论（Adam Smith，1776）。其后，马歇尔（Marshall，1920）、萨尔尼科（Sarnico，1957）、潘罗斯（Penrose，1959）等则进一步发展了企业能力理论。但企业能力理论直到20世纪八九十年代才成为战略管理理论的主旋律，使得对企业持久竞争优势研究的重点从产业转向企业内部，把企业拥有的特殊的资源与能力作为影响企业长期竞争优势的源泉（郁义鸿，2001）。

20世纪80年代始，战略管理理论从不同的角度对企业竞争优势根源问题进行探讨，相关的理论研究可以分为两大类：一是以波特的产业分析理论为代表的企业竞争优势外生论；二是以能力理论为代表的企业竞争优势内生论（徐康宁等，2001）。外生论把注意力集中在市场和产品上，把企业竞争优势归结于企业所处的市场结构和市场机会等，认为决定企业盈利能力首要的和根本的因素是产业吸引力，由5种力量——

竞争对手的入侵、替代品的威胁、现有竞争对手之间的竞争、供应商讨价还价的能力和购买商讨价还价的能力决定。通过对这 5 种竞争力量的综合分析，能够判断一个产业的盈利能力，以及产业中的企业获取超出资本成本的平均投资收益率的能力。由于竞争优势取决于企业在产业中相对地位，因此，企业选择一个正确的产业是获得竞争优势的关键。产业分析法提供了制定战略的具体分析方法，指明了获得优势的具体途径，具有良好的操作性，比经典战略理论前进了一大步。然而，随着企业战略理论研究与实证分析的不断深入，人们对于传统战略理论将竞争优势完全归因于行业结构和市场力量产生了质疑。产业分析理论过分强调企业的外部环境，强调"定位"，即通过选择一个好的行业或行业细分来获得竞争优势，忽略了竞争优势的企业内在来源，导致企业为获得竞争优势而频繁地转换行业。特别是鲁梅勒（Rumele）的分析揭示出：产业内不同企业所获利润的差异往往大于产业间的利润差异。引发了人们对于传统战略理论将竞争优势完全归功于行业结构和市场力量的质疑。在这一背景下，20 世纪 80 年代以来研究者们将探索竞争优势的着眼点转移到了企业内部，由此产生了资源基础论、能力基础论、核心能力理论、动态能力理论和企业知识理论等能力理论体系。

2.1.3　企业能力理论的主要观点

2.1.3.1　企业资源与能力

沃纳菲尔特（Wenerfelt，1984）认为，资源可以被定义为与企业长久相连的有形和无形资产，是任何能被认为公司优势或弱势的东西。而巴尼（Barney，1991）认为资源是任何能使公司构想和实施提高其效率和效益的战略的东西，桑切斯等（Sanches et al.，1996）认为资源是指对于市场机会和市场威胁进行识别和作出反应可获得并有用的资产；潘罗斯（1959）认为企业的每种资源都有多种不同的用途，可划分为人力资本和物力资本，竞争压力要求组织改变其资源的组合以创造新的机会，因此资源组成了潜在的服务集。具体而言，资源就是企业拥有的独特的有形资产、无形资产和组织能力。有形资产包括企业的现金流量、负债能力等财务资源，原材料、厂房设备、机械设备等物力资源，经营管理者、技术人员、岗位工人等人力资源，以及应用、开发和储备的技术资源等。有形的资产具有很强的通用性和可转移性，因而是企业生产经营活动必不可少的，但也很难为企业创造更高的价值，成为企业竞争优势的来源。无形资产包括技术信息、市场信息、企业的声望、信用、文化、商标、品牌、专利、管理模式以及累积的知识和经验等，无形资产具有较强的专用性，能在企业经营活动中创造出较高的价值，在发挥企业竞争优势中发挥重要的作用。而组织能力是资产、人员与组织投入产出过程的复杂结合，能力运用到企业的业务活动上，将决定企业业务活动的有效性。特别需要注意的是，组织能力和无形资产可以在使用中不断积累，如能恰当运用，则能通过有效的使用不断增长。这些有形资产、无形资产和组织能力的总和，构成了企业赖以生存和发展的基础条件。因此，资源分配，特别是如何有效合理配置，以满足战略实施的需要应该引起足够的重视。

企业的能力来源于企业所拥有的资源，虽然广义的资源包括企业能力，但企业能力理论认为，能力与资源有所不同。能力是以人为载体的，是配置、开发、保护、使用和整合资源的主体能力。在企业能力理论中，福斯（2014）认为能力是企业拥有的主要资源活资产。钱德勒（Chandler，1990）则描述企业的能力是聚集而成的物质设施和员工的技能，尤其是中高层管理的能力，具体地，是市场开拓、销售、产品发展、组织等方面的技能，是潜在地用于不同产业的普遍能力。根据普拉哈拉德（Prahalad）和哈默（Hamel）的定义，企业能力是组织中的积累性学识，特别是关于如何协调不同的生产技能和有机结合多种技术流派的学识。

企业能力的实质在于将企业能够承担和进行内部处理的各种活动界定清楚。因此，企业的性质、范围、企业的效率差异、企业的动力机制等企业理论中所涉及的基本问题，都可以用能力来进行界定。能力决定企业的异质性，企业之间的差异性是因为其拥有的资源和能力不同，这些资源和能力是企业在历史发展过程中逐渐形成和积累起来的，这种积累过程具有不可重复性。能力也可以决定企业经营的纵深程度和横向范围，决定产出的效率，成本状况和企业的生产力。因此，企业的能力是企业战略决策以及竞争优势的形成和维护的根本决定因素之一。

2.1.3.2 企业是其所拥有的各种资源和能力的集合体

以往的企业理论把企业看作一个产品或者业务的集合体。潘罗斯（Penrose，1959）描述了一个企业根本上是资源的集合体。能力理论则把企业看成一个能力的集合体，一种能力体系。企业的能力体系是由一系列具有相关性的能力构成的。企业之间的异质性是因为其所拥有的、在企业发展过程中逐渐形成和积累起来的资源和能力是不同的。对于一个涉及较为完整的各项产业活动的企业来说，其能力体系至少包括了以下一些方面：企业的生产和制造能力、战略决策与组织协调能力、研究与开发和产品创新能力、人力资源与资产整合能力、市场营销能力、外部关系处理能力、组织学习能力等，它们之间存在着较强的联系和互为促进的作用。由于能力体系是一个包含内容相当广泛的概念，任何两个企业在能力体系上完全相同的可能性是微乎其微的。

2.1.3.3 企业竞争优势来自企业内部的资源和能力

与企业的外部条件相比，企业内部因素对于企业占据市场竞争优势更具有决定作用，企业内部的资源、能力和知识的积累是企业获得和保持竞争优势的关键。每个企业都具有自己的各项能力，各个企业之间的各项能力本身可能也并没有显著的区别，在此基础上，有效地组织各种能力，将它们整合成一个协调运作的能力体系，就能最终形成企业的竞争优势。如果一项资源有价值，但能十分方便地被竞争对手获得，则该项资源不可能为行业中的任何企业带来竞争优势。只有有价值且稀缺的资源才能给企业带来真正的竞争优势，但这种优势可能是短暂的，只有当有价值的、稀缺的资源不可模仿和不可替代时，才能为企业带来持续的竞争优势。

具有相似资源的企业在使用资源的效率方面的差异就是企业能力的差异，是产生竞争优势的深层次因素。从能力理论来看，隐藏在企业资源背后的企业配置、开发和保护资源的能力，是企业竞争优势的深层来源。能力、知识是形成企业绩效差异的基础，而异质性构成竞争优势的基础（Rumelt et al.，1994）。

企业的演化观和知识基础论强调了默会资源，如隐藏在组织结构的惯例中的知识和记忆的重要性。组织也保持了难以模仿的价值、规范、文化。巴尼（Barney）描述这种特征是导致竞争优势的复杂的资源，他认为有确定特征的组织文化能改善企业的效率，如果资源是默会的，企业可能很难在内部发展它们，而更可能通过外部途径，如收购获得它们。

2.1.3.4 企业的核心能力是企业持续竞争优势的源泉

1990 年，普拉哈拉德和哈默提出了核心能力的概念来描述这种企业的特殊能力："核心能力是组织中的积累性学识，特别是关于如何协调不同的生产技能和有机结合多种技术流的学识。"从这个定义可以看出，核心能力是企业能力体系中最根本的能力，它可以通过向外辐射，将企业能力有效地协调、组织起来，使企业能力能够发挥出最大的功效，使企业可以形成竞争对手不易模仿的竞争优势，并最终提高企业的经营绩效。

在产品生命周期日益缩短的今天，单纯依靠产品开发和市场开拓建立起来的竞争优势是无法持久的，竞争成功不再被看作短期的产品开发或市场开拓的成功，而是企业拥有不断开发新产品和开拓市场的特殊的竞争能力，企业的长期竞争优势来源于其优于竞争对手的核心能力。

核心能力虽然不能作为原材料直接参与产品生产，却在无形中制约企业的生产过程，它联系企业现有的各项业务，也是发展新业务的引擎。核心能力可以使企业拥有进入各种市场的潜力，它决定了企业如何实行多元化、如何选择市场进入模式。例如，卡西欧公司在显示技术方面的核心技术使得其可以参与计算器、微型电视、监视仪等方面的经营。如果在核心能力上具有优势，由核心能力产生使竞争对手无法替代的核心产品，就可以使企业保持竞争优势的持续。

2.2 组织创新相关研究

2.2.1 创新的概念及影响因素

创新的概念来源于经济学家约瑟夫·熊彼特（Jeseph Schumpeter）的创新理论，熊彼特于 1912 年在其德文版著作《经济发展理论》中，首次提出了"创新"概念。该著作的英文版于 1934 年发表，并引起学术界的普遍关注。熊彼特将创新诠释为一种全新的生产要素组合，该新组合包括：引入新产品；引入新技术；开辟新市场；控制原材料的供应来源；实现工业的新组织。自 20 世纪四五十年代以来，创新对企业管理和社会发展的作用越来越受到人们的重视，因此，在经济学界和管理学界都有大批学者对创新进行了理论和实践方面的研究。

创新既可称为结果，又可称为过程。为了得到创新成果，个体需要参与到特定的过程中；作为一个过程，创新包括持续的发现问题、解决问题并实施新的解决方案。这也是一个循环的过程，包括思考和行动、寻求反馈、实验、商讨新办法，而不仅仅是习惯或直觉的行为。韦斯特和法尔（West & Farr，1989）指出创新是指引入和应用新颖的或改进的做事和行为方式，它可以被定义为有意图地在岗位、团队或组织中引入和应用具有新颖性和价值性的创意、过程、产品或程序的活动。范德文（Van de Ven，1989）等指出创新过程的特点在于它是一系列非连续活动的组合，而非离散化的顺序进程，它具有多个阶段在不同的阶段有不同的活动和创新行为个体，可以在任意时间参与到这些行为中去。其中创造是创新过程的一部分，它包括点子、观念的产生和提出等活动。它是创新的孵化期和创新过程的早期阶段。芒福德和古斯塔夫森（Mumford & Gustafson，2002）提出创造性思考在应对变化酝酿创意并初步考虑其实施时发生，这时需要考虑创意的可能性和可行性以及潜在的负面效应。德鲁克（Drucker，1985）认为创新是赐予资源创造财富的新能力，使得资源成为名副其实的资源，他以完整、系统的观点探讨创新，反对创新知识灵感的观念，并认为创新是能够训练并加以学习的。罗斯韦尔和泽格维尔德（Rothwell & Zegveld，1985）认为创新可以说是对现存方法高度激进或完全的变化，然而创新是稀有且通常是以逐渐增长的方式进行产品或过程的改善。创新像是一种技术、设计、制造、管理和销售新的产品、制造或者是设备和流程的第一次使用。克拉克和盖伊（Clark & Guy，1998）强调资讯、知识与创新的关系，认为创新是指在将知识转换为实用商品的过程中，对人、事、物以及相关部门的互动与资讯的回馈。创新是思想、创意的产生，如果是新颖的、有价值的，则通过组织评估进行实现创新就是这种创意的实现、利用和产生效益的过程。创新理念的产生有时是相对较容易的，而工作中新产品、过程和程序的实现却较困难且花费时间，原因在于组织中存在变革的阻力以及组织结构和文化上的阻碍（West，2002）。

影响组织创新行为或创新绩效的关键因素可以从个人、团队和组织三个层面上进行分析（King et al.，2002）。人体层次上的影响因素包括人格特征、动机、情感等因素。在个人特征上，研究者大多以大五人格因素模型来分析人格与个体创造力的关系，譬如菲斯特（Feist，1998）通过分析表明，开发性与个体创造力存在正相关。在动机上，工作本身的内部动机促进创造力，工作本身之外的外部动机则有阻碍作用，工作动机是促进个人创新行为的重要影响因素，内部动机可以导向创造性，对创新构想产生和创新构想执行产生正向影响，控制性的外部动机对创造性有害，但信息性的外部动机有利于创造性，并且只在创新构想的执行阶段产生促进作用（卢小君等，2007）。德威特（Dewett，2007）的研究表明，个体的内部动机通过风险的中介作用间接影响个体创造力。在动机方面，自我效能感和心理授权都是其重要方面，研究也表明，转换型领导、员工学习导向通过自我效能感影响员工的创造力行为（Gong & Huang，2009）；心理授权较高的个体容易在工作中表现出更高的创造力，但丁琳和席酉民（2008）在我国的研究显示，心理授权在转换型领导与员工创造力之间的中介作用不显著。在情感上，乔治和周（George & Zhou，2002）的情绪—投入模型显示，个体的积极情绪和消极情绪都有可能促进个体的创造力。组织创造力交互作用观点认为，创新发生在个人层次上，受到情境和情绪特征的影响，个人的性格特征和工作环境中的情境因素之间的交互作用完全可以预测创新行为，而领导对于创造力的支持行为有助于缓解研发人员的工作压力，这种支持性的环境与员工的工作满意度正相关（Woodman et al.，1993）。

在复杂多变的任务环境下，孤胆英雄式的个人创造让位于基于群体协作甚至跨组织合作的团队创新，研发（R&D）团队逐渐成为企业进行技术创新的主要组织形式。团队层面上的创新影响因素包括与团队特征、团队任务、团队成员异质性、团队背景、团队氛围等。在团队特征上，员工工作年限越长，越有利于提高团队创造力（Choi et al.，2005），团队成员的性别、年龄、种族等对团队创造力产生消极影响，而教育背景和专业技能等则对团队创造力有积极作用（Williams et al.，1998）。组织赋予团队的任务的特征会对团队创新产生根本性的影响，并决定团队挑选具有哪些素质的成员、他们在团队里充当什么角色、完成什么任务。团队任务分为高创新要求和低创新要求两种，创新要求高的团队任务会迫使团队具备高水平的工作过程，即高水平的目标承诺、参与、质量和创新支持，从而有利于团队创新。在团队过程上，主要表现为团队冲突，它对员工创造力的影响因冲突的性质不同而不同，譬如关系冲突不利于员工创造力产生，而合作冲突则有利于员工创新观点的产生。在团队即时状态性上，主要包括团队凝聚力和团队的创造性效能感，研究表明，团队凝聚力是团队创造力的必要前提（Woodman et al.，

1993），团队的创造性效能感对团队创造力有促进作用（Shin et al.，2001）。张钢和倪旭东（2007）通过情景模拟实验发现团队知识差异与团队创新的关系受知识冲突状况的影响：当团队内部不存在知识冲突时，较大的知识差异会对团队创新产生正面影响；当团队内部存在知识冲突时，高知识差异团队和低知识差异团队的创新没有显著的差异。柯江林、孙健敏和石金涛（2009）通过对316个研发团队样本的实证研究发现，研发团队领导者的转换型领导风格对团队创新绩效有积极影响，而知识分享与知识整合正是这种影响的中介机制。团队成员学习目标取向对其创新行为具有显著正向影响，且这种正向效应不会受到团队创新气氛的调节作用；成员证明目标取向对其创新行为的正向影响不显著，但团队创新气氛可以显著调节（增强）这种正向效应；成员回避目标取向对其创新行为具有显著负向影响，但团队创新气氛可以显著调节（减弱）这种负向效应（张文勤等，2010）。

组织层面上的影响因素包括组织规模、组织结构、组织文化、组织环境等相关要素。对组织创新的研究是当今组织行为学的重要主题之一（Mohamed，2008）。学者们普遍认为组织规模越大越有利于创新（Kimbely Michael et al.，1981）。规模大的组织不但能吸引更多的专业技术人才，而且能够承受创新失败的后果，为员工提供宽容的创新环境。富有弹性的组织结构使组织更加开放，鼓励新的观点和行为的产生；高度的重要集权与创新行为负相关，非集权化的组织结构能提高员工创新的自主性；复杂的组织结构使分工更加细化，有利于提高人才的专业化程度，提升组织对创新的敏感性。陈建勋和王涛（2011）对组织结构与技术创新之间的关系做了实证验证，结果表明：机械式组织结构与渐进性技术创新正相关，有机式组织结构与突破性技术创新正相关。组织文化是创新的内生力量，先进的组织文化能够引导创新切实实施下去，开放自由、鼓励创新的组织文化体系能够增强组织凝聚力和员工忠诚度，促进组织创新。曹科岩和龙君伟（2009）选取我国华南地区95家高科技企业作为对象进行实证研究，发现组织文化通过影响知识分享进而影响组织创新，知识分享对组织绩效没有显著的直接影响，但通过组织创新来间接影响组织绩效。组织环境对组织创新的导向作用同样不可忽视，快速变化的外部环境会增加组织生存发展的外部压力，也对服务和产品提出更高的要求，组织只有通过创新来增强应对环境的能力。组织内部存在两种不同类型的创新，探索式创新和利用式创新：（1）探索式创新是一种大幅度的、激进的创新行为，目的是寻求新的可能性，强调创造新的产品和服务、开发新市场、超越现有的企业技术水平；（2）利用式创新是一种小幅度的、渐进的创新行为，目的是对现状进行改进，强调改善生产流程、拓展技能、对现有知识进行提炼、整合、强化，两者对组织的持续运营和组织变革至关重要（March，1991）。学者研究发现，探索式创新和利用式创新受到外部环境的影响，组织外部环境动态性是探索式创新和利用式创新与绩效之间的主要调节变量（李忆等，2008）。环境动态性反映了外界环境变化的频率和程度，在低动态性的环境中，组织运用低风险的利用式创新，凭借原有的知识、技术来应对竞争，确保组织系统和资金流的稳定性；随着环境动态性的增强，组织面临技术的迅速更新和客户需求的变化，组织必须采取更激进和冒险的探索式创新来开发新技术、新渠道以满足客户多变的需求，获取竞争优势（王林等，2014）。组织内的创新活动是一种新颖的、有益的创意进行具体实践，并获得成功的整体历程，组织的创新能力依赖于组织的智力资本。组织智力资本的载体是企业的内部员工，企业特定的人力资源管理实践可以促进隐性组织气氛的产生，因此，企业应该采用独具特色的人力资源管理实践来培育特定的组织气氛。合理授权、广泛培训、职业生涯发展和提供支持的薪酬福利等人力资源管理实践均对组织创新整体变量以及组织创新的多数维度产生正向影响（孙锐，2010）。此外，组织创新除了必要的物质资源和人力资源支持以外，更加需要鼓励创新的气氛。组织只有在内部塑造和培育一种支持与鼓励创新的良好气氛，才能够激发组织成员的内在创造动机，鼓励他们勇于实践，并最终实现系统化创新的目的。不同的领导风格对组织创新的作用不同，转换型领导的才智启发、精神鼓舞等相关特质有利于促进员工的创造力。组织成员的组织公民行为有利于组织创新，例如：员工主动协助同事解决工作问题、推动工作进度，为了组织的改进提出建设性意见等。当员工表现出更多的自我学习与主动工作行为时，员工会更愿意接受挑战性工作，为了完成创新工作不断提升个人技能，这些行为都有助于提高组织创新。在国内文献中，关于组织公民行为与组织创新之间的实证研究并不多见，这也是我们值得探讨的方向之一。

2.2.2 个体创新的相关研究

个体创新行为是个人创造力的体现，也是组织创新的基础。个体创新行为的研究以阿玛比尔（Amabile，1988）提出的创造力组成模型为最具代表性。该模型指出，员工创造力影响因素包括个体本身的三个因素：领域相关技能、创造力相关过程和工作动机；个体以外的因素：工作环境。在国内相关研究中，个人创造力与个体创新不作区别。如图 2 - 1 所示。

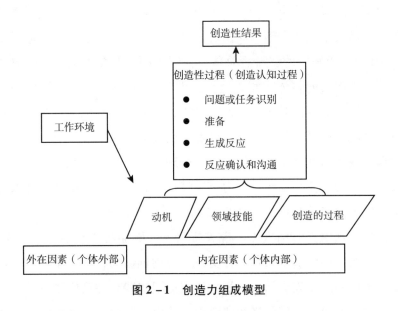

图 2 - 1　创造力组成模型

领域相关技能包括在特定领域的事实性知识、专业技能、自我认同、对周围环境的感知等，这些技能可以通过正式或者非正式的培训获得。杨晶照、陈勇星和马洪旗（2012）根据角色认同理论，指出员工的创新角色认同度高，则表现出更多的创新行为，同时组织结构作为重要的组织因素，在其中起着重要的影响作用；员工角色认同与员工创新呈正相关关系，员工创新的自我认同感越强，创新的动力就越强，就表现出更多的创新行为。团队情绪氛围一方面会通过影响个体情绪和动机，从而作用于个体创造力；另一方面通过影响团队互动行为，对团队中个体的创造力发挥影响作用（屈仁均，2007；龚增良等，2009）。

创造力相关过程包括产生创造性思维的策略、适当的认知风格、与产生创意有关的显性或隐性知识。对相关技能的训练、创造性活动经历以及某些人格特征都对创造力相关过程有积极影响。蒂尔尼（Tierney，1999）发现，适应性认知风格的员工虽然本身不从事创新工作，但当他们和上级发展高质量的领导—下属交换（LMX）关系时，他们将呈现高水平的创新行为。员工的开放性与上级对创造力的评估之间存在显著正相关，性格开放的员工容易获得新经验和新观念，因为他们在吸收信息、关联信息方面更有效率，并且对不熟悉的环境比较感兴趣。

工作动机包括个体工作态度和对于工作动机的感知，可以是内在的，也可以是外在的，内在动机比外在动机更具有决定性作用。高水平的内在动机使员工认知灵活、愿意冒险、不怕困难，并对工作活动充满兴奋与好奇。阿玛比尔（1996）曾指出，领导的风格对于员工的工作动机有重要影响作用，领导—下属交换理论（LMX）描述了领导者和员工之间所发展出的一对一交换关系。该理论认为，拥有高质量领导—下属交换理论的员工能够感知到领导者对员工创意、研发工作与社会生活等方面的支持，认为所从事的工作更具挑战性，感到自在、信任和安全感，他们会朝着创新需要的方向努力，进一步激发创新行为。孙锐和张文勤（2012）通过对我国跨地区企业研发员工的问卷调查，对领导创新期望、员工内部工作动机及其创新行为间的关系进行了实证探讨。研究发现，在我国直属领导对下属员工的创新期望、员工之间横向交换对研发员工创新的行为都具有正向预测作用，其中员工内在工作动机在领导创新期望、员工横向交换对员工创新行为的作用路径关系中起到中介效应。团队创新氛围比问题解决类型、工作动机更能预测员工的创新行为，其中，参与的安全感和愿景目标对于问题解决类型与创新行为的关系起到了调节作用。这表明对于高工作动机的员工而言，团队创新氛围能够增加其创新行为，提高愿景目标并调节工作动机与创新行为的关系。

外部的影响因素是工作环境，包括所有的外在动机，如预期的外在评估，这些外在动机往往是破坏内在动机的。此外，环境中的许多其他因素，被看成内在动机与创造力的障碍或刺激。相关研究显示，工作环境中的许多因素是阻碍创新的，如关注现状、低风险的态度、批判新思想的规范、组织中的政治问题和时间压力。其他能够刺激创造力的因素包括：完成工作的自由、工作中积极挑战的感觉、拥有多种技能、关注创意的工作小组、鼓励创新的主管，以及组织内积极分享创意的规范。

个体特征与外部环境之间的交互作用会对个体创造力产生影响，沙利等人（Shalley et al.）认为情绪很有可能是外部环境与个体创造力之间的中介变量。马贾尔和奥尔德姆（Madjar & Oldham）的研究结果证实，领导对创新工作的支持、亲友对工作的理解会通过影响个人的情绪而影响个体的创新行为。情绪在人们的日常工作生活中扮演了非常重要的角色，它对个人的信息认知理解过程有重要影响，个体的情绪一旦引发，与之相关联的其他能力就会启动，对信息的处理速度就会加快。不同的情绪使个体处于不同的状态中，积极情绪会增加体内多巴胺的分泌，短时间内迅速地拓宽信息记忆分析能力，从而积极型情绪更有利于创新能力的最大限度发挥；消沉情绪意味着事件存在问题，在压力之下，人们会强迫自己系统地解决当前的问题。现实生活中，积极情绪和消极情绪同时存在，二者之间的界限是模糊的。这种混合情绪的体验使个体处于一种敏感的情境中，在两种情绪的转换间采取不同的信息处理方式，从而影响创造力。从情绪在创新领域的功能来看，积极情绪能够通过对认知的拓展来影响个体创造力：通过激发个体已知信息，在联想过程中形成知识网络；通过分散注意力，形成复杂的认知背景，增加知识面的宽度；通过增加个体认知能力的灵活性，提高对知识汲取和升华的能力。消极情绪通过动机促进功能影响个体创造力：消极情绪会锻炼个体坚韧不拔的精神，促使个体在任务完成上投入更多的时间精力，在过程中渐进式地提升创新能力。

这一理论指出，所有成分对于创新来说都是必要的，且每一成分的水平越高，创新的最终水平就越高。换句话说，创新需要所有成分的协同作用，当一个有很强的领域专长和创新思维且具有内在动机的人，在一个高度支持创新的环境中工作时，创新水平就会达到最高。创新过程的本质就是对问题或任务的创造性认知过程，该过程包括几个子过程：分析需要解决的问题的属性，提高技能以准备解决问题，提出解决问题的想法，与其他人讨论解决方案。这些过程可能按顺序发生，也可能重复进行，直到获得创造性结果。在个体内部的成分中，内在动机受到工作环境的直接影响，这种影响体现在：当人们受到工作本身的兴趣、愉悦、满意和挑战，而不是外在动机的激励时，他们是最有创造力的。除了对内在动机的影响外，工作环境也影响特定领域技能和创造力相关过程，如果工作环境中的外在激励因素（如报酬、资源）证实了人们的能力，认可他们的工作价值，能让他们更投入于喜欢的工作，那内在动机和创造力就有可能被加强，这个过程称为动机的协同（Amabile，1993）。因此，除了雇用那些有领域专长、相关技能和高工作动机的人之外，领导者应运用自身领导特质，如个性化的关怀、启发员工才智，努力营造一种关注协同和利于创新的工作环境。

现有国外文献中，关于创新和员工创新行为的前因变量研究取得了重大进展，我国的研究还相对落后，特别是转换型领导风格研究成为领导行为学方面的主流研究领域后，现有的研究主要是基于西方的背景，我国的文化环境与西方文化环境也存在差异，因此，在我国的集体主义文化下，企业管理者需要提供什么样的环境才能更有效地激发员工创造力需要更多的探讨。

2.3 组织情绪能力相关研究

2.3.1 组织情绪研究的源起：个体情绪

情绪作为人们基本的心理过程之一，是心理活动的组织力量，影响着人们的决策和行为（孟昭兰，2005）。最早对"情绪"作系统阐述的是詹姆士（James，1884）和兰格（Lange，1885）提出的詹姆士—兰格情绪理论，从此开启了情绪研究的科学大门，但很长一段时间内，"情绪问题"一直被心理学界赋予其病态或者污名化的标签，从而导致组织中的情绪研究被忽略。

20世纪初期，泰勒开启了"科学管理"之门，其观点认为：组织是一个理性的实体，强调规范化、定量化、精确化和简单化，要求员工始终保持客观、理性，将情绪排斥在外（刘小禹，2011）；而霍桑实验虽然发现员工的社会关系需求和情绪会对工作效能产生影响，但也没有引起人们足够的重视。第二次世界大战以后至20世纪80年代初，组织中的情绪问题虽然没有作为独立课题被关注，但它经常隐含在组织行为学有关工作满意度和工作压力的研究中。值得说明的是，尽管工作满意度通常被定义是一种"愉悦或正向的情绪状态"，这意味着组织行为中的工作满意度研究潜藏着对情绪的考察和分析。但矛盾的是，情绪通常不是研究工作满意度的学者所关注的焦点，另外，虽说工作压力并非情绪研究，但它却开始让人了解到情绪在组织中的重要性。其中，与情绪最具关联性的工作压力研究内容有：工作倦怠（job burnout）、情绪耗竭（emotional exhaustion）、情绪过度延展（emotional overextended）和情绪干枯（emotional drained）等现象。除此之外，该阶段有关领导研究中也开始引入情绪概念，提出领导魅力的实质是领导者与下属在情绪互动下所出现的产物。情绪概念在领导研究中的逐渐重视，也间接带动了组织中情绪研究的发展与成长。

心理学和组织行为学研究表明，情绪是人们对客观事物态度的体验，是人们的需要获得满足与否的反映。情绪的发生与人的生理本能的需要是否得到满足相关。当客观事物能够满足人的需要时，人们就会产生积极的情绪体验，如高兴、喜悦、满意；反之则会使人产生消极的情绪体验，如悲痛、愤怒、生气等。美国心理学家鲍恩的情绪系统理论和概念是较著名的，鲍恩假设：人类的大部分行为受到情绪系统的控制或许远远不止于此，是我们大多数人未能想到的。情绪在人类的行为促发、调节作用是巨大的。临床心理学和许多行为研究工作都提供了大量的证据证实：人的行为，无论在思想、分析、推理或与其他人打交道时，总是不可避免地受到情绪因素的影响。没有健康的体魄和愉悦的心情是干不好工作的。情绪左右人的认知和行为。具体表现在如下两方面：（1）左右动机。情绪可以激励人的行为，改变人的行为效率。积极的情绪可以提高人们的行为效率，对动机起到正向推动作用；消极的情绪则会干扰、阻碍人的行动，降低活动效率，对动机产生负面影响。研究发现，适度的情绪兴奋性会使人的身心处于最佳活动状态，能促进人积极地行动，从而提高活动效率。（2）调控智力活动。情绪、情感是心理活动的组织者。它可以影响人们对事物的知觉选择，维持稳定的注意或重新分配注意资源到更重要的刺激上，并且对人的记忆和思维活动也会产生明显的影响。人在高兴时思维会很敏捷，思路也很开阔，而悲观抑郁时会感到思维迟钝。

组织中的情绪问题是管理实践中的一个重要问题。著名的霍桑实验发现员工的工作效率并不是完全由工作环境来决定的，而是与情感紧密联系，群体标准、群体情感和安全感决定着工人的产出。国外组织中情绪的研究蓬勃发展，被称为组织行为学界的一场"情感风暴"，但国内对此的研究还相对比较滞后。最近几年，由"富士康跳楼事件"所引发的一连串员工工作中的情绪问题，已经演变成国内的社会问题，关于情绪失调、工作压力和工作引起的不满等相关研究越来越受到重视。对情绪问题的深入研究使情绪智力和情绪劳动进入人们的视野。

2.3.2　情绪智力与情绪劳动

情绪智力是个体认知、评价、管理和控制自己和他人情绪的能力。2002 年，香港中文大学的黄炽森和罗胜强两位教授提出了适合我国情景的情绪智力理论，把情绪智力划分为自我情绪评估、他人情绪评估、情绪管理和情绪利用四个维度。自我情绪评估指个体能够觉察并了解自身的深层次的情绪状态，并能自然展现情绪。他人情绪评估是指个体能够觉察并了解他周围人的情绪。情绪利用是指个体能够运用自身的情绪来引导积极的活力与表现。情绪管理是指个体在负向的心理状态下，仍可以很好地调整和控制自己的情绪。

很多学者在个体层面挖掘了影响科技人员创新绩效的因素，情绪智力对创新绩效的正向影响得到了大量实证支持。创新的过程往往伴随激烈的讨论与争辩，高情绪智力的员工有较强的自我情绪评估能力和情绪管理能力，能及时控制他人的情绪，做出适当回应，维持和谐的交流氛围，使争辩向有利于解决问题的方向发展，更容易产生创新成果。苏里曼和阿尔沙克（Suliman & Alshaikh，2007）认为，员工的情绪智力水平越高，创新的意愿越强，高情绪智力的员工善于调控自己的情绪，积极情绪下员工更容易表现创造力。

周（Zhou，2003）通过引用玛伊尔（Mayer）等人的情绪智力理论，指出情绪智力的四个部分（情绪感知、情绪整合、情绪理解、情绪管理）会对创意产生的五个环节（问题识别、信息收集、产生创意、创意评价和修改、创意实施）产生影响，并分析了高情绪智力的员工如何利用各种机会通过创造力获得成功。莱班（Leban，2003）运用玛伊尔的情绪智力量表、多因素领导问卷（Multifactor Leadership Questionnaire，

MLQ），佩罗（Perrow）的非常规性活动卷（Non - Routine Activities），索德（Souder）的项目复杂性和项目绩效问卷（Project Complexity Items and Project Performance Questions）对项目经理、团队成员、股东等进行了测量。结果发现：领导类型和管理者的情绪智力有助于增强其成功实施复杂项目的可能性；转换型领导、放任民主型及管理者的情绪智力对实际的项目绩效有显著正面的影响。管理者的情绪智力及情绪智力的理解情绪（任务水平）与转换型领导中的"精神鼓舞"成分显著相关；管理者情绪智力的策略领域与转换型领导的"个性化关怀"和"理想化影响"成分显著相关。理论上，理解和控制自身及他人心情和情绪的能力，会促成领导者的有效性，而情绪智力能提高领导者解决及处理个人和组织面临的问题与机会的能力。黄炽森和罗胜强（2002）的研究显示，高情绪智力领导者的下属，其工作满意度更高。

情绪劳动最早由霍奇柴尔德（1983）提出，她将员工在工作中按照组织情感规则来伪装情绪，以使顾客快乐的过程称之为"情绪劳动"。此后，许多学者从不同的角度定义了情绪劳动理论。莫里斯和费尔德曼（Morris & Feldman，1997）认为，情绪劳动是指组织中的个体为了表达出组织所期望的情绪，必须进行的协调、计划和控制等活动。格兰迪（Grandey，2000）认为，情绪劳动是为表达组织期望的情绪，个体进行必要的心理调节加工的过程。哥斯兰和迪芬多夫（Gosserand & Diefen-dorff，2006）则更直接地将情绪劳动定义为员工为了响应组织有关情绪表现规则以完成组织工作任务而对个人情绪表现进行管理的一个过程。以上学者的研究观点源于不同的角度，定义不同，关注的结果也不一样，他们的共识是：个体能通过内在情绪管控来调节他们的外在情绪表达，情绪劳动是在组织规范的约束下，为了创造组织绩效而通过提高、伪装、克制和修正等方式来调节其情绪表达以达到组织期望情绪的过程（张振刚，2011）。

情绪劳动是一个监控矛盾并减少矛盾的过程，即个体将自己的情绪表达与感知到的情绪表达规则进行不断的比较，如果发现两者之间存在矛盾，个体将通过情绪调节策略来减少这种矛盾，从而使得情绪表达与情绪表达规则相符，这是一个动态的心理加工过程，遵循情绪调节的控制论模型。情绪劳动包含情绪表达规则感知以及情绪调节策略这两个部分，情绪表达规则感知是指员工需要对组织要求的恰当情绪表达标准进行认知、理解和内化，并按照此依据在与人交往过程中进行恰当的情绪表达。它包括正面表达规则（感知到的表达积极情绪的规则）和负面表达规则（感知到的压抑消极情绪的规则）两方面。

情绪劳动策略通常分为表层行为、深层行为和自动调节三个维度进行研究。第一，表层行为。表层行为主要是指员工在内心真实感受和组织要求表达的情绪不一致时，仅仅从表面上表现出符合组织要求的行为，这些行为主要包括调节面部表情、动作姿态或声音语气等表层行为。员工在表层扮演中会调节他们的情绪表达，但不会改变他们的内心感受，表层行为通常被认为是一种不真诚的扮演（acting in bad faith），非常容易造成员工的情绪失调。第二，深层行为。深层行为主要是指员工不仅仅要在行为上符合组织情绪表达要求，还要"发自内心"地去体验这种组织要求表达的情绪。当员工进行深层扮演时，需要努力进入角色，尽量体验组织要求表达的情绪，并表现出符合组织要求的情绪，因此深层行为又被称为真诚的扮演（acting in good faith）。第三，自动调节。自动调节主要是指员工无须改变自己的情绪感受，而真实自然地表现出组织所要求的情绪，这种情绪表达也是员工自己真实情感的流露，而不是有意识的情绪调节结果。

从目前对情绪劳动的影响因素的研究来看，情绪劳动的影响因素可归纳为三类，即个体因素、组织因素和情境因素。

个体因素是情绪劳动的重要解释源，这些因素包括心理资本、人口统计学特征、情感特质、社会技能、情绪智力等。如李晓艳等（2013）对心理资本和情绪劳动的关系的研究结果表明，心理资本对表层行为有显著负向影响，对深层行为有显著正向影响；格兰迪的研究表明女性雇员较之男性雇员更多采用深层行为，就情感特质而言，有消极情感特质的员工比有积极情感特质的员工需要更多的努力才能调整自己的内在情绪，采用表层行为较为容易；在与顾客交往的过程中，拥有较高社会技能的员工更容易调节自己的情绪，采用深层行为，展现出组织需要的态度和行为。工作满意对表层行为存在负向影响，即工作满意度越高，员工采取表层行为的情绪劳动策略的可能性越低；同时，工作满意对深层行为和中性调节存在着正向影响（杨林锋，2010）。有学者以工作动机为中介变量，研究情绪智力对情绪劳动策略的影响。采用针对第二产业中服务型人员的问卷调查和量表测量方法，最终得出如下结论：员工情绪智力通过内部动机影响员工深层行动，通过外部动机影响员工表层行动；情绪智力对深层行动的正效应大于对表层行动的正效应；外部动机可以转化为内部动机、从而影响深层行为。

组织因素是关于组织的制度文化设计，是嵌入情绪劳动当中的深刻背景，主要包括情绪表现规则、领导风格、工作自主性等。日常生活与工作场所对人们的情绪要求是不同的，在工作场所中，员工不能随意地表达态度和行为，而是根据不同的情境状况，或收敛掩饰情绪，或夸张表达情绪。情绪展现规则，即是一种有效的约束。领导风格对员工的态度和行为有重要影响，如交易型领导风格以交换的方式指导和激励员工工作，付出和回报的对等状况是员工评价的主要标准。而转换型领导致力于满足员工的工作需求，其内在价值观、特质和行为会不自觉地影响员工的态度和行为，提升员工的认同感。从某种角度上说，情绪劳动即是员工的态度和行为。刘朝等（2014）的研究表明了放任型领导风格和表层行为的正向关系，交易型、转换型领导风格与深层行为正相关。自主性强的员工组织限制和约束相对来说较少，主人翁的意识也较强，更愿意在情绪劳动中付出更多的努力，所以可以推测，具有高度工作自主性的员工易采取深层行为，反之，具有低工作自主性的员工多采用表层行为。还有学者以组织承诺为前因变量，研究了其对情绪劳动的影响，结果表明组织承诺对表层扮演深层扮演具有显著的促进作用（占小军，2013）。

　　情境因素是与工作相关的具体即时场景状况。情绪劳动的核心是情绪调节，员工的情绪和行为会受到顾客情绪和行为的感染，同时还要受到即时的情绪事件等的影响。在与顾客互动的过程中，员工会对顾客表现出来的情绪和行为产生认知和理解，并据此采取合适的策略调整内在情绪，表现出工作角色需要的态度和行为。托特代尔和霍尔曼（Totterdell & Holman）认为顾客的消极情绪与表层行为正相关，增加员工的情绪劳动负荷，表层行为需要员工较少的情绪投入，因此员工会选择表层行为。除顾客的态度和行为之外，具体的工作场景的情绪事件也是情绪劳动的重要影响因素，员工会根据不同的事件特征以及自身的情况采取表层行为抑或深层行为。

　　情绪智力是针对个体层次所提出的概念，根据以往文献可知，情绪智力水平会影响个体的情绪劳动。个体对情绪的不同感知导致表现行为的不同。创新是一种情绪劳动，实施过程中会受到个体情绪表达的影响。如图 2－2 所示。

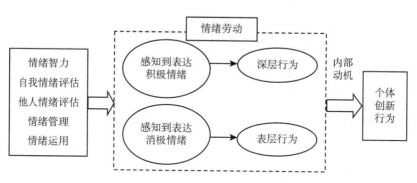

图 2－2　情绪智力对情绪劳动的影响

　　团队层面的情绪不同于个体的情绪，它是团队内部得以分享的情绪，是建立在团队认同感基础上的情绪，是团队内部与团队之间的态度与行为的一种动机。团队成员会把个体层次的情感以及情绪体验带入团队进行外显分享和内隐分享，这一过程与其他成员的情绪体验产生互动，将在特定的团队情绪规范下，通过情绪的感染与展示，达到情绪整合状态，进而形成团队情绪或集体情绪（collective affect）。因此，团队情绪是指不同团队成员情感成分的整合。团队情绪形成的影响因素除了个体情绪分享因素外，还包括组织因素：组织情绪的"表达规范"，即希望表达什么样的情绪或隐藏什么样的情绪；以及"情感规范"，指在特别的环境中希望什么样的情绪应该得到体验。情绪规范在需要情绪劳动的行业，比如服务行业尤为重要（屈仁均，2007）。此外，非情绪因素也对其有一定影响。团队的技术条件方面的因素对团队情绪会有影响，福塞斯（Forsyth，2000）认为团队间有了冲突和压力时，团队要为消极情绪的扩大做好准备。

哈佛大学心理学教授戈尔曼（Goleman）提出，将情商延伸到团队层面，就得到了团队情商的概念。德鲁斯卡（Druskat）将团队情商定义为：团队建立共同的规范来管理情绪的历程，并且建立团队自我强化、团队信任、团队有效性的能力。在三个层次上建立团队情商规范，分别是个人层面、团队层面、跨团队层面。德鲁斯卡提出的团队情商概念受到了学者们的广泛认同，在之后的研究中一直被沿用。团队是由不同个体成员组成的，成员之间处于一种互动的环境中，团队情商即是团队层面上综合情绪控制的能力，反映在人与人的亲和力、团队的凝聚力和士气。领导是发生在领导者与追随者之间的交互活动，领导主要是通过自身的领导特质和行为来影响下属，领导者的情绪会直接影响团队成员的情绪，乃至整个团队的情绪。团队情商和领导行为均以团队成员之间互动为着眼点，着重强调对团队之间情绪的处理与调整。因此，领导行为与团队情商之间必然存在着某种关系。

群体层面上情绪的过程和结果的研究越来越受到重视，团队情绪氛围正成为理解团队有效性过程的新兴视角。埃尔芬拜因和白子（Elfenbein & Shirako，2006）认为情绪对于团队来说是非常重要的概念，由于人的许多情绪产生于人际交往之中，情绪必然对团队生活具有重要影响。

工作中的情绪由特定的工作事件决定，员工对所发生的事件产生情绪反应，进而，这些反应又影响他们的态度和行为（Weiss，1996）。与个体一样，团队也会通过共同的经历或事件发展出共享的态度、行为模式和情绪反应，并进而影响团队的行为和绩效。在团队中，团队各位成员的情绪、心情、情感特质、情绪智力等个体的情绪状态会通过外显和内隐的分享过程达到一种情绪整合状态，同时受到组织、团队规范和历史的塑造，最终形成团队情绪氛围，对团队动力和团队生命有着重要影响。格劳奇等人（Grawitch et al.，2003）研究发现团队成员的情绪状况会影响团队创造力，具有积极情绪的团队在团队解决创造性问题的任务方面，表现出更好的创造力与效能。

不同的环境因素将影响组织中员工的心境，不同的领导方式也会造就不同的团队氛围。关于团队中领导者情绪智力对下属影响的研究还很少。有学者研究表明，当团队处于积极情绪氛围中时，转换型领导方式更能促进团队创新绩效。这是因为积极的团队情绪氛围，会让团队成员的情绪高涨，而为员工设定目标，采取监督、考核、指导的交易型领导方式，则会阻碍团队的创新绩效。但是，转换型领导方式不同，它是利用愿景来激励下属，通过个性化的关怀满足员工的生理与社会方面的需求，下属更容易意识到自己所承担任务的重要意义，激发了其高层次需要，使员工愿意为了组织的利益而牺牲自我利益，做出超越预定绩效的努力，此时转换型领导者对团队创新绩效更有利。

团队领导可以通过对员工灌输积极的情绪，来改善团队情绪氛围，进而提升员工的工作热情，鼓励团队士气和营造团队和谐人际关系等。领导者自身的情绪状态对员工会有很大的情绪感染力。例如领导者表现出的轻松、坚毅和乐观，会感染整个团队；而领导者的沮丧也一样会使团队情绪氛围低落。同时团队领导还需要在消极团队情绪氛围与积极团队情绪氛围之间保持平衡，来保持团队有足够的情绪刺激来促进团队有效性。

2.3.3 组织情绪与情绪资本

情感是组织生活的重要组成部分，渗透于工作场所之中，它会引导和支配员工群体的行为。因此，组织是一个"情绪性"场所，是工作群体酝酿、表达、控制情绪，并疏导、强化或者缓和自身情绪的途径和载体。组织情绪是组织内部一致的或同质的情绪反应，这种情绪反应会影响组织的创新效率和水平。群体内的积极性情绪在个体和团队的互动过程中，会直接或间接地（比如通过组织学习）提升整体认知灵活性和学习水平。

组织层面上的情绪与个体和团队层面的情绪感受不同，这是由于企业组织需要显示某些情绪，同时也要压制某些情绪。前者是指进行有效的集体行动需要营造必要的情绪背景，特定的情绪表达对维持组织的特定形象具有重要作用。因此，组织成员可以共享真实的组织情感，并以"合法"情绪表现的形式对某些特定的组织事件予以回应，如组织遭遇技术危机，面临产品召回等。其中的情感规则、情绪显现和情绪沟通等都可以归结为情绪行为。

组织情绪通常由感觉、信念、认知和价值观等隐性资源所构成，作为一种重要的组织资本，组织情绪已经受到越来越多组织的关注（张新荣，2005）。自2000年《哈佛商业评论》提出体验式经济这一概念以来，精神需要逐渐取代物质需要，员工也越来越重视自身的体验，企业内部员工的体验对一个组织的发展来说也显得非常重要，情绪资本逐渐成为每个企业资产负债表上的一项重要资产（王效俐等，2007）。其实就人力资本而言，情商对一个人的发展起着至关重要的作用。同样，情绪资本的开发和利用对企业来说也显得非常重要。随着体验经济时代的来临，情绪资本的概念逐渐进入了人们的视野，引起了理论界和实业界的关注。凯文·汤姆森（Kevin Thomson，2004）曾提出情绪资本的概念，将情绪资本定义为：存在于劳动者身上的、通过投资在后天获得并能够实现价值增值的情感方面的价值存量，分为外在情绪资本和内部情绪资本，并认为，组织情绪是促进企业生存、发展的基础，是培育员工工作动机，提升企业竞争力的宝贵资源。外在情绪资本指存在于顾客与外部利益相关人士的感受，譬如品牌价值、商誉等。它们已经受到越来越多企业的重视，已被确认为品牌价值的一部分，并被纳入企业资本的核心中，被列入企业资产进行考核。内在情绪资本则指向员工的内心，具体包括企业员工的感受、信念和价值观。这种资本对员工工作产生的影响会关系到公司产品的质量或所提供服务的水平。他还提出了情绪资本的四个要素：外在企业性格、外在品牌性格、内在企业性格和内在品牌性格。他指出，企业的性格，主要是由其员工与股东的情绪、感受和特点所组成的，而能够成功地赢得员工心灵和意志的企业，就一定能塑造出充满热情、执着和激情的企业性格。在本书中，将情绪资本界定为内在情绪资本。

情绪资本作为企业的一项特殊的资产，具有模糊性、多样性、伸缩性和可塑性。由于情绪资本具有模糊性，情绪资本很难通过具体的数字进行统计和管理，增加了情绪资本管理的困难性，因此，情绪资本虽然是一个企业的重要资产，但在目前，这种无形资产却无法出现在企业的财务报表里。情绪资本的多样性是由于情绪的多样性造成的，包括感觉、信念、意志和价值观等隐形资源，这也增加了管理的复杂性，因为个人和组织必须对各种情绪资本进行不同的管理。情绪资本的伸缩性是指情绪资本具体能够对个人和组织的发展起到什么程度的作用具有很大的伸缩空间，既能够起到积极的作用，也能够起到消极的作用。这增加了情绪资本管理的必要性，因为任何个人和组织都希望人力资本能够发挥最大的积极效应。情绪资本的可塑性意味着个人和组织可以通过有效的管理实现情绪资本的保值增值以及效益最大化。

不少企业拥有一流的人才、一流的智力资本，但员工的情绪低落，可能与企业没有共识、缺乏信任有关，导致企业苦心经营的智力资本毫无意义。企业往往认为失误或失败源于管理、营运方面等纯理性的问题，却忽视了使用这些工具与技术的人的情绪与情感。情绪资本是企业获得高绩效和成功的必要保证，从某种意义上，情绪资本比智力资本更加重要，情绪资本是智力资本的燃料，智力资本是企业探索未知数的基础，情绪资本扮演着替员工清除探索道路上的恐惧与畏难情绪的角色。对于体力劳动的员工来说，负面的情绪也许还能完成流水线上分配的工作，但对用大脑处理信息、创造知识的员工来说，情绪低落会使其创新能力大打折扣。所以说，知识型员工的积极情绪是企业创新的动力，员工若能不断地保持积极的动力情绪，视自己为企业主人，就会为企业的改革创新发展持续不断地注入新的竞争性的人力资源，从而创造出充满活力的企业组织，企业的创新潜力也得以激活（王慧，2008）。

2.3.4　组织情绪能力与创新

组织层面的情绪研究始于"情绪事件理论"（Affective Events Theory，AET）。韦斯（Weiss，1996）等认为工作中的情绪由特定的工作事件决定，尤其是日常工作中所经历的激烈争辩，员工对所发生的事件产生情绪反应，进而这些反应又影响他们的态度和行为。阿什卡纳西（Ashkanasy，2002）提出组织里存在着五个层次的情绪：个体内部的情绪、个体间的情绪、人际互动中的情绪、团队情绪和组织情绪。组织层面的情绪以互动为基础，具有动态性特征，并呈现正向螺旋。组织通过调整、引导这种动态性，使组织内部形成良性互动，以维持螺旋效应的正常运行，调动组织情绪潜能。以此为基础，孙锐（2015）提出企业组织内部情绪动态螺旋模型，随着组织体系内情绪事件引发到组织行为流程塑造的过程演变，基于四个阶段冲突的组织情绪动态过程蕴含着推动组织创新的情绪能量。如图 2 - 3 所示。

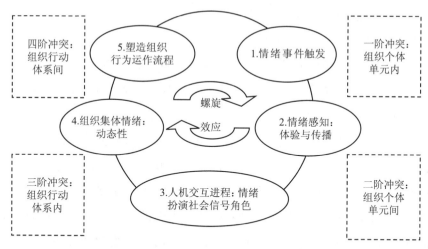

图 2 - 3　组织内部情绪动态螺旋模型

戈尔曼在 *Working with Emotional Intelligence* 一书中提出了"情绪能力"的概念，他认为情绪能力是以情绪智力为基础的一种习得的能力，而情绪能力又能使得人们在工作上取得出色的成绩，他提到个体情绪能力与情绪智力的区别在于：情绪智力决定了我们学习哪种依赖于情绪智力的实际技能的潜能，而情绪能力则表明了我们将自己的多少潜能转化为了工作能力。

以往学者在探讨企业的核心竞争力时，发现有些企业能够不断地做得更好，并能够涉足新的领域，积极地引导自身变革，这其中可能存在一些类似人类智慧的因素，例如分析能力、决策能力、灵活反应能力或解决问题能力，并且这些因素可能会与企业的兴衰胜败息息相关。在成功的企业中，高级管理人员与下属之间配合默契、能力互补，使得企业的分析和解决问题能力达到最佳水平。有研究者将这种企业称为拥有"企业智商"的企业。麦基希斯特等（MacGikhrist et al.）提出了组织能力的九个维度：（1）联系环境的能力。（2）战略能力。（3）学术能力。（4）反思能力。（5）教育能力。（6）专业性能力。（7）情绪能力。（8）精神能力。（9）伦理能力。组织情绪能力作为组织能力的一个重要维度，得到了越来越多的关注。

于伊（1999）将组织情绪能力定义为：组织感知、理解、监测、调整和利用其员工情感，并在组织内运用管理、制度、规则等唤起其员工情感的能力。组织的情绪能力包括（1）通过引导、疏导员工情绪，提高组织创造力。因为没有员工与工作、工作情景的情绪联系，就不会有员工动机、积极性和广泛参与。（2）协调并同化一系列不同的员工情绪诉求，以及情绪状态模式以开发和完善组织的情感功能，形成、建立一种有效的组织运作，以协助创新。（3）帮助管理人员准确、及时地评价、认识雇员的情绪和满意程度，以便他们能够查明问题，拿出适当的解决方案来疏导消极情绪、推动积极情绪，最终鼓励组织内的创新。

组织情绪能力涉及组织情绪、思维与惯例的组织与整合，侧重于特定的情绪状态，而非一般的情绪特征。于伊将这种情绪状态称为"情绪动态性"，并指出组织在多大程度上能够有效地实现这些不同的情绪动态性取决于其情绪能力的水平，于伊的研究表明，情绪动态性是组织情绪能力的核心，这种能力会保持组织的适应性，促进企业绩效的提高。于伊（1999）描述六种组织的"情绪动态"来解释组织情绪能力对组织创新的影响。

（1）鼓舞动态性。鼓舞动态性往往与组织的领导风格息息相关。转换型领导蕴含的一个重要概念就是精神鼓舞，这类领导善于在组织内营造鼓励创新、包容失败的工作氛围，组织员工在支持性环境里会更努力地积极探索，并不断提出大量的、高质量的新想法。

（2）自由表达动态性。自由表达动态性也将提高企业的创新性，当员工能够表达他们个体情感时，他们会产生愉悦感和满意感，他们的工作满意感和对组织的承诺会逐步升级，最终达到提升企业创新绩效的结果。

（3）游戏动态性。游戏动态性将有利于鼓励试验和容忍错误，进而推动企业创新。在工作中增加员工的体验，能够获得更真切的反馈意见，有助于推动生成和测试新的设计方案，产生新的市场和技术理念、新的程序和工具。

（4）体验动态性。我们认为体验动态性有助于培养员工之间相互关注和倾听，增加互助行为，在工作中结成互益的工作群体关系，从而导致更高的企业创新绩效。

（5）情绪和解的动态性。争吵等人际冲突是组织最主要的工作压力来源，同时，创新往往也产生于互动式的争辩中。建设性冲突对创新想法的产生和创新行为的实现过程中发挥积极作用，情绪在冲突和创新之间能起到调节的作用（张敏，2013），以管理手段整合不同的组织情绪将有助于阻碍组织中的冲突升级，形成和谐的组织气氛。

（6）身份识别动态性。在中国传统集体主义价值观影响下，员工具有趋同的属性，工作绩效和人际关系密不可分。组织对于个体释放的情感能量的鼓励，有助于塑造组织集体性情绪（Huy，1999）。这种整体集体情绪能力可以凝聚组织成员的才智，通过不同的组织活动，如创新行为表现出来。

经常得到积极地认可或者反馈会产生愉悦的情绪，经常受到批评或者消极的反馈会诱发愤怒、惧怕或难过的情绪，工作中的评估（包括看似不重要的非正式评估）会在组织中激发情绪，积极的情感会受到评估的影响，是组织中创造力的一个前因变量，在组织行动中，积极的情感与创新有关的认知过程会随着时间的推移而酝酿出来，并产生一个创造性的反应。总结以上结论，把它们视为创造力组成理论的一个精细化部分，这些精细化部分提出了一种新的间接性联系：工作环境如何影响创造力相关过程，这个过程又如何影响创造性反应，并且提出了创造力到情感的反馈循环（Amabile et al.，2005）。如图 2 - 4 所示。

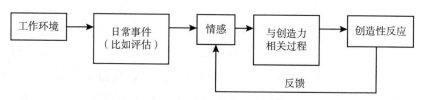

图 2 - 4 情感创新力组成理论的精细化部分

情绪对组织创造力影响的关键是组织因素对个体的影响及组织内的互动过程。组织情绪是个体对外界的一种感知，组织中的每一个成员，通过连续的任务互动，形成一个整体的组织结构，一方面影响情绪的个体化；另一方面影响成员的互动行为。已有研究证实，领导行为、组织公民行为、建设性冲突及组织创新氛围对组织创新存在影响。组织通过协调个体的努力程度、激发员工的工作动机来提高组织创新能力。而情绪与公民行为、冲突等密切相关，因此情绪也会影响创造力的相关过程。组织情绪能力的增强可以推动员工间的沟通、互动，加深彼此的认知和了解，确立组织共同的目标和共同的身份认知，推动跨层次的组织学习联合行动，促进个体知识转移和整合，进而支持对新技术、新产品创意的开发、实验，进一步增强组织创新绩效。在动态性或竞争性的环境条件下，组织情绪能力对组织学习和组织创新（行为、绩效）的影响将表现出不同模式和作用水平（孙锐，2012）。

没有对工作或工作背景方面的情感联系，企业将难以调动员工的工作动机和参与积极性，对那些能够体现并释放员工情感和特性的工作，如创新工作尤其如此。组织层次的情绪能力能够引导员工的情绪投入到新产品开发和其他科技创新活动中去，帮助企业监测、评价和利用员工情绪来推动组织内的创新（Akgun，2007）。这种能力的形成，需要组织表明其领导者对创新进程推动的承诺，确立组织共同的目标和共同的身份认知，推动跨越组织层级的联合行动，支持对新技术、新产品创意的开发、实验，并促进组织内个体间知识的转移和整合。组织的情绪不良会对组织的健康、和谐发展产生诸多负面作用，影响小则出现员工效率低下、满意度下降、离职，影响大则会造成企业团队整合不良，以致企业失败，实在令人不能小看组织忧郁症的破坏力，这也是企业文化里强调情绪管理为重要课题的原因。

中国人的情绪更容易被各种人际关系牵制。传统的集体主义价值观对员工的情绪劳动有不同的导向作用。高集体主义导向下，员工的趋同意识使大家不约而同地调节个体情绪以保持与组织的一致性；低集体主义导向下，每个人是独立的个体，个人会以自身情绪的舒适性为主，而忽视组织整体的要求。当组织内的情绪能力较强时，组织会适时地调整内部情绪氛围，积极的情绪氛围会使组织内部出现更多扩展和开拓性的互动，这种互动会影响组织内个体和整体的创造力、学习能力和满意度，提高成员的认知拓展和自主学习，推动组织任务进度和组织绩效。

回顾以往文献，我们发现，传统心理学和组织行为学对于情绪的相关研究集中于个体和群体层面，虽然陆续有学者提出情绪智力、情绪资本、情绪劳动等相关概念，但研究层次仍局限于个体和群体，并没有进一步分析和回答组织层面的情绪能力问题。近年来，国外学者对组织情绪能力的关注度逐年递增，但大多数研究尚停留在理论探讨阶段，由于相关实证研究甚为匮乏，理论界对如何使情绪能力可操作化尚处于摸索之中，对组织情绪能力如何在技术创新中起作用所知甚少。这限制了研究者和管理人员对这一概念在创新背景下的深入理解，也阻碍着组织情绪能力理论在管理实践中的操作和应用。国内方面，学者们对情绪及情绪能力的研究主要集中于个体层次，对组织情绪能力的研究，迄今未见相关研究报道。因此，本书创新性的将组织情绪能力作为创新行为的前因变量，探讨组织情绪能力在领导风格与创新行为之间的中介作用。

2.4　领导风格理论相关研究

2.4.1　领导风格理论的发展

传统领导风格理论的发展经历了以下三个阶段：特质理论阶段、行为理论阶段和权变理论阶段。特质理论阶段盛行于 20 世纪，最早开始对领导行为进行系统研究的尝试。研究依据和方法是从优秀领导者身上寻找共同具备的特质，包括生理特质、智力特质、个性特质、工作特质、社会特质等。斯托格迪尔（Stogdil，1948）归纳指出了领导者的多项个性特征。该理论认为成功的领导者应该具备他人所不具有的独特技能，这些技能是先天具备和后天学习所共同形成的。但领导特质理论忽视下属的需要、没有指明各种特性之间的相对重要性、缺乏对因与果的区分、忽视了情境因素，导致它在解释领导行为方面的不成功。

20 世纪 50 年代，美国俄亥俄州立大学和密执安大学对领导活动进行动态的研究。该理论认为领导者不是与生俱来就是领导者，领导者个人素质特征是通过后天的培训、发展，使其具备了有效领导能力的一种行为模式。K·勒温（K. Lewin，1926）的三种领导风格理论、斯托格迪尔等（1945）的领导四分图理论、布莱克（Blake，1964）的管理方格理论等都是行为理论的代表。领导行为理论同样也缺乏对影响领导行为有效性的情境因素的考虑，没有看到领导是一个动态过程，因此也存在一定的局限性。但领导行为理论中关于领导行为有效性的研究成果，以及领导者可以通过后天培养的理念，为交易型领导与转换型领导行为理论的研究提供了理论基础。

20 世纪六七十年代，管理学家们又提出了重视情境因素的权变理论。权变理论的主要观点是：领导是一个动态的过程，有效的领导行为应该随着被领导者的特点和环境变化而调整，领导有效性取决于领导者、被领导者和环境条件三者的相互作用的结果，即：领导有效性 = f(领导者，被领导者，环境)。在菲德勒权变模型（Fiedler，1967）中，领导绩效是领导者的领导风格与情境的有利程度互动下的产物；在情境领导理论（Hersey－Blanehard，1969）中，领导风格与下属成熟度的搭配是成功领导的关键；路径目标理论（House，1971）中，工作性质与下属特性等情境变量会调节领导行为与领导绩效之间的关系；领导者参与模型（Vroom，1973）也是该阶段的代表理论。

传统领导理论发展至权变理论阶段后，随着时代的发展，人们发现传统领导理论不能对现实的领导行为做出完全合理的解释。因为实际生活中，影响领导行为有效性的因素有很多。于是一些学者开始从不同的角度出发，研究得出了具有一定影响力的理论成果：归因理论、魅力型领导理论、交易型和转换领导理论等。此时，对领导风格的研究就进入了现代领导风格理论阶段。

领导的归因理论认为，员工工作中采取的同一行为其背后的原因可能是不相同的，这就需要领导者对员工行为背后的不同动机进行探究，根据不同的动机采取相对应的管理措施。该理论也对员工的个体主观归因和情境客观归因的因素进行了分析，提出领导者对下属的评价应当细心和公正。

魅力型领导建立在归因理论和特质论等理论基础之上，豪斯（House，1971）正式提出魅力型领导的理论，指出魅力型领导会使下属对领导的想法和观点深信不疑，领导者通过自身卓越的才能和超凡魅力来影响下属，从而实现绩效目标。

伯恩斯（Burns）在对政治型领导人才进行定性分类的研究基础上，首先提出了转换型领导和交易型领导的概念（Burns，1978），为领导风格理论的研究开辟了新的思路。贝司（Bass）在豪斯的魅力型领导理论和伯恩斯的转换型领导和交易型领导概念的基础上进行了拓展研究，1985年正式提出了交易型领导理论和转换型领导理论。贝司（1985）认为转换型领导重视下属更高层次的内在需求，而交易型领导则更注重与下属之间的资源交换，通过给予下属他们所想要的，从而在下属那得到自己所想要的。

1991年，阿沃利奥（Avolio）与贝司在过去研究的基础上提出了一种新的领导理论，被称作全范围领导理论（FRLT）。全范围领导理论包含了三种领导行为，除了转换型领导和交易型领导外，还有放任型领导，它是一种无领导的行为。全范围领导模型试图描述完整的领导风格，放任型领导、交易型领导和转换型领导三种领导风格，全面地体现了领导者从消极工作到积极工作、从不作为到有效率的不同状态。

2.4.2 转换型领导与交易型领导

1978年，伯恩斯首次提出了交易型领导（transactional leadership）和转换型领导（transformational leadership）概念，为领导行为的研究开辟了新思路，近年来，众多学者对该理论进行了深入的理论探讨和实证研究，交易型领导和转换型领导已经成为学术界研究的前沿领域和重要方向。

2.4.2.1 交易型领导的概念

交易型领导理论以领导—成员交换理论（Leader – Member Exchange Theory，LMX）和途径—目标理论（Path – Goal Theory）为基础，认为基于物质或经济交换的交易型领导借助澄清工作角色，赏罚分明，以换取下属工作付出。学者们对交易型领导的定义总结如表2 – 1所示。

表2 – 1 国外学者对交易型领导的定义

研究者	定义
伯恩斯 （Burns，1978）	交易型领导是领导者与成员通过磋商达到互惠的过程，领导者与成员在最大利益和最小损失的原则下，来达成共同的目标
贝司 （Bass，1985）	领导者确认并澄清员工的工作角色，以使员工有方向感，了解并满足员工的需要，以促使其努力工作
塞尔乔瓦尼 （Sergiovanni，1990）	交易型领导是种以物易物的领导，领导者与下属为了各自的利益与目的，通过协议约定而各取所需
利思伍德 （leithwood，1992）	组织中各种酬赏系统被领导者所应用，以换取领导者所要的成果
皮莱等 （Pillai et al.，1999）	交易型领导是建立在交易过程中，领导者依照下属的努力与表现情况给予奖赏
罗宾斯 （Robbins，2001）	领导者通过澄清角色及工作要求来建立目标与方向，并以此来引导或激励下属

交易型领导概念包括 3 个方面：

（1）权变式报酬。领导阐明他们对员工的期望，以及员工达成期望后将得到什么样的报酬。通过权变奖励，领导说明他的期望、交易承诺和领导支持，属于一种积极主动的交易。

（2）积极的例外管理。领导关注监督任务的执行，对于出现的任何问题都会予以及时修正以保证当前绩效水平。主动例外管理领导者一般在问题发生前，持续监督员工的工作，以防止问题的发生，同时，一旦发生问题，立即采取必要的纠正措施。

（3）消极的例外管理。领导倾向于仅仅当问题比较严重时才采取修正措施，经常避免做出决断。被动例外管理领导往往在问题已经发生或没有达到规定的标准时，以批评和责备的方式介入，而且是在错误发生后才说明自己的标准。

总之，交易型领导所代表的是赏罚分明，以建立信有赏、罚有据的领导作为。交易型领导主要体现为：当下属能够有效完成分配给自己的任务或工作时，领导者会对其工作努力给予肯定和奖励，满足其需求，并以此取得下属的尊重和支持；而当下属有不当行为的时候，领导者就会进行纠正处罚。

2.4.2.2 转换型领导

1985 年，在伯恩斯研究的基础上，贝司将转换型领导定义为，领导者能为团体或组织规划出未来愿景（vision）或欲达成的使命（mission），使下属或同仁为达成团体利益而愿牺牲个人利益，以及帮助下属或同仁以新的观点去面对工作上的问题，促进其个人的学习能力，并开发更高的能力或潜力，以增进组织效能。通过大量研究，贝司发现，转换型领导主要使得下属意识到所承担任务的重要意义，激发下属高层次需要，促使下属为了团队或组织的利益而超越个人的利益，并产生超过期望的工作结果通过影响员工的情绪、动机、价值观等，从而使员工愿意为工作付出额外的努力。也就是说，员工除了完成分内工作，还会表现出超越基本期望的组织公民行为。转换型领导改变或转换员工的需求和思考方式。领导通过创设一种企业愿景，并就此与员工沟通，接受员工反馈和建议时鼓励他们开发自己的能力，以促进组织创新与转换。转换型领导不仅要激励下属跟随领导者的命令，更要使下属能够建立和坚定共同的组织愿景，并在转换的过程中给予领导者全力支持与协助。转换型领导致力于员工的自我价值感，鼓励质疑和创新。领导激励下属去扩展、开发自己的能力，更具有创新性。员工与这种具有超凡魅力的领导一致，相信领导，从而对组织的承诺也得以增强。

国外学者对转换型领导的定义总结见表2－2。

表2－2　　　　　　　　　　国外学者对转换型领导的定义

研究者	定义
伯恩斯 （Burns，1978）	转换型领导是领导者通过较高的理念与道德价值，激发、鼓舞员工的动机，使下属能全力投入工作，进而提升下属成为领导者，而领导者则成为推动改革的原动力。它是领导者和下属之间相互提升到较高的需要层次及动机的过程
贝司 （Bass，1985）	转换型领导通过让员工意识到所承担任务的重要意义，激发下属的高层次需要，建立互相信任的氛围，促使下属为了组织的利益牺牲自己的利益，并达到超过原来期望的结果
尤克尔 （Yukl，1989，1994）	转换型领导是指影响组织成员在态度上与假设上产生改变，并建立对组织使命或目标的承诺。它强调领导者要赋予成员自主性来完成目标，以改变组织文化与结构，并与管理策略相配合，进而完成组织的目标
塞尔乔瓦尼 （Sergiovanni，1990）	转换型领导是种附加价值的情感领导，强调高层次、内在动机与需要。领导者激发成员发挥智能，超越原有的动机与期望，这种领导具有文化与道德的意义
利思伍德 （Leith wood，1992）	转换型领导是由领导者提供愿景作为内在诱因，通过分享、投入、热情与刺激等手段，在实际运作过程中改进并提升成员的想法，使其对未来充满希望
瓦德尔 （Waddell，1996）	转换型领导是领导者能与下属共同创造专业气氛与态度，通过专业的发展、决策的分享、自我价值的提升，进而创造尊重、接纳、友善、支持成长与学习环境

研究者	定义
菲尔德、赫罗尔德（Field & Herold，1997）	转换型领导是通过下属对领导者及其愿景的认同，使下属能超越利益上的交换
皮莱等（Pillai et al.，1999）	转换型领导是领导者通过激发下属较高层次的需要、促进组织的信任关系，使下属将组织利益建构在自身利益之上，以促使下属能做出超越预期的表现
威尔莫尔、托马斯（Wilmore & Thomas，2001）	转换型领导是种合作、决策分享的取向，它强调专业能力的发展与授权，了解转换而且鼓励成员进行转换
罗宾斯（Robbins，2001）	转换型领导者具有魅力特质，对追随者具有特别影响力，激发下属为组织牺牲自身利益，并且对下属个性化关怀与智能上的激发，使下属愿意尽最大的努力达成团体目标

贝司对转换型领导理论概念的运作上，将转换型领导者界定为：具有理念的影响或是魅力的表现（idealized influence or charisma），精神的鼓舞（inspirational motivation）、个别化关怀（individualized consideration）、智力的启发（intellectual stimulation）等四种形态。以下将针对转换型领导的四个重要概念予以说明。

（1）理念的影响或是魅力表现。

转换型领导会提出一些很高的道德标准来影响下属，了解下属的个体需求，下属利益至上，与下属共同承担风险等。下属服从领导的原因在于，领导者是可敬可信赖的，其行为值得下属遵循和模仿。

（2）精神的鼓舞。

鼓舞性的领导者是指经由鼓舞下属的过程，唤起与提升下属追求成功的动机。严格地说，鼓励性领导者只是魅力领导的一部分，如在实证的研究中，魅力领导与鼓舞性领导具有高度相关性。因此，在激励性领导与魅力领导之间的差异性的概念中，激励型领导是指领导者不通过情感激励的过程而产生领导的影响力。通常鼓舞性领导者为了取得下属情感上的认同，会经由下述的过程影响下属：①行动导向：领导者以实际行动限制和控制官僚体制，以赢得下属精神上的认同。②信心建立：领导者关心下属的工作，肯定下属的工作能力。如告知下属纵使没有他的领导，以其个人的能力，依然可以独自完成工作上的目标。③鼓舞信念：对于下属信念的鼓舞上，必须将个人心灵深处的潜力激发出来。④运用期望效应：指领导者透过期望的鼓舞，激励下属达到预期目标。

（3）个别化关怀。

个别化关怀指领导者关心每一个下属独特的发展需求，不仅是体恤与满足下属目前的立即需求，同时帮助下属开发出未来最大的潜能。因此，转换型领导者需要建立或创造一个帮助下属成长的组织文化，经由组织文化的重建或与下属建立一对一工作关系，在了解下属需求的过程中，帮助其成长。

转换型领导者在关怀下属的行动上，大致可分为三个取向，即发展取向（developmental orientation）、个别化取向（individualized orientation）与辅导取向（mentoring orientation）（Bass，1985）。

①发展取向。

在发展取向上，一方面，领导者会对下属的潜能进行了解，并予以评估，以便使其能胜任目前的工作，或者使其在未来职位上能担任更大的责任。另一方面，领导者亦会运用授权方式，提供挑战性的工作给下属，增加其工作上的责任感。

②个别化取向。

扎莱兹尼克（Zaleznik）在"管理者与领导者"（*managers and leaders*）一书中提供，主管与下属间的私人情谊，及一对一的主管与下属关系，皆对领导能力的发展有重要影响，并强调个人主义的组织文化应予以鼓励。基于此，领导者若与下属保持亲近关系及经常性接触，不但可以为下属的个人属性与特殊需求能有详尽了解，同时，主管对下属个人的关怀也能提供决策时的信息管道，如通过与下属的互动中，知悉组织所发生的事，或者是知悉下属对事件的反应及对事件的关心程度，让彼此有机会对问题的本质加以了解或澄清，建立领导者与下属之间的互信与良好情谊。

③辅导取向。

辅导取向的领导者，指组织中的资深主管为组织新进人员或较无经验者，提供行政经验与专业知识的辅导。在正式的辅导计划中，可将焦点着重在资深人员对新进人员个别的关系上，建立一对一的关系，诸如指派新进人员向资深主管人员学习，可为组织文化注入强心剂。因此，辅导计划可发展出一个让新进人员不愿离职，同时也协助新进人员尽早进入工作状态，让组织成员对工作感到满意，及融入其他同仁的工作行列中。

至于在个别化关怀上，领导者会表现出以下的行为：当下属在工作上达到彼此（领导者与下属）同意的标准时，他会是满足的。领导者使下属相信，在必要时，纵使没有他的领导，依然能够独自完成工作上的目标。领导者使下属相信，可以借由良好的工作表现，赢得他的信任。领导者能了解下属个人的需求，并试着帮助下属得到它。当下属在工作上有好的表现时，他会给予赞美、对于那些较被人忽视的下属，他会给予关切，以及他会依下属的不同的特性，采取不同的对待方式等。

总之，领导者对于下属个别关怀的重要性，诚如美国两位著名的人格类型学者说明个别差异对人尊重的意义。凯尔西和贝茨（Keirsey & Bates）在《请了解我》（*please understand me*）一书的卷首写下了这下面这几句话："如果我所想要的和你所想要的不同，请不要告诉我，我所想的就是错误。如果我所相信的和你所相信的不同，请你至少稍等片刻再来纠正我的观点。如果你我面对同一情境却在情感上有不同强度的感受，请不要要求我必须与你一样。如果我没有按照你的设计而行动，请不要勉强我。我不要求你了解我，至少我暂时没有这个奢望，唯有当你不再把我变成另一个你，你才可能真正了解我。"因此，唯有当领导者能尊重下属的个别差异，体认每个下属皆是完整个体时，才可能耐心聆听下属的需求，减少对下属的操控与命令，满足下属个别需求。

（4）智力启发。

智力启发是一种增强下属解决问题能力的方式。领导者鼓励下属运用过去的经验与知识解决工作上的问题，同时更鼓励下属质疑本身的观念假定（assumptions）和过去所接受的原型（stereotype），从不同的角度去了解世界。因此，智力启发乃是指唤起并改变下属对问题的认知及解决方法，经由思考、想象力、信念及价值等的观念启发，期待下属在面对问题的解决能力上，有不断提升的处理能力。

另外，在智力启发上，亦是反映领导个人的价值，主管通常会采取下列四种智力启发影响方式：

①理性导向的智力启发（rationally oriented intellectual stimulation）：以理性为导向的领导者，倾向于有强烈的成就动机，重视个人的才能（competence）、独立性（independence）、在决策过程中重视效率，以勇于创新组织结构达成智力上的启发。

②存在导向的智力启发（existentially oriented intellectual stimulation）：存在取向的领导者关心安全、信任与团队合作的提升，认为只有在非正式（informal process）与人性（human process）的互动过程中，不同的观点才得以获得认同。

③经验导向的智力启发（empirically oriented intellectual stimulation）：由于经验型专家偏好经验主义（empiricism），严谨、精确、长时间地收集数据，寻找最佳的问题解决方式，因此，在下属智力的激发上，是保守与谨慎的。

④理想型导向的智力启发（idealistically oriented intellectual stimulation）：理想型导向的领导者在智力的启发上追求成长、学习、认知的目标（cognitive goals）、创造性、重视适应性、直观（intuition）与妥协的运用。

至于具有高度创造力与冒险精神。在智力启发上，转换型领导者会表现出以下行为：当下属遇到困扰的难题时，领导者会提供下属一个新的思考角度；领导者的观念能迫使下属新思考一些他（她）视为理所当然的想法；以及领导者能使下属用新的思考模式去解决旧问题等

（Bass，1985）。

总之，智力启发是一种促进组织成长与响应变迁时，改变组织成员能力的一种影响方式。正如普拉哈拉德和哈默在《哈佛商业评论》（*Harvard Business Review*）中对著名的国际公司（如本田、小松、佳能）的研究报告指出，成功的管理途径在于具有革新、促进组织学习的思维能力。因此，主管若能给予下属适当的智力启发，则能提升下属解决问题的能力，以促成组织有用的改变。

2.4.3　领导风格与创新的相关研究

目前，国内外学者对于领导风格的研究取得了众多成果，转换型领导风格被引入后，随即成为学术界关注的焦点，学者们普遍认为转换型领导是最有效的领导方式。已有研究表明，转换型领导不仅可以直接促进创新行为，而且可以通过诸多中介变量和调节变量发挥间接作用。现将近年的国内外学者关于转换型领导风格与创新的观点进行梳理汇总。

不同的领导风格对于成员的创新绩效和创造力有着紧密的联系，转换型领导对成员的创造力与创新行为有显著的正向关系。转换型领导风格有利于企业全新的产品、服务或者工艺的产生（突变创新的发生），交易型领导风格下，企业擅长改进已有的产品或者服务方案（渐进创新）。领导效能的发挥受到情境因素的影响，不同情境因素下，领导效能对创新行为的影响不同。有学者认为转换型领导风格与集体主义是天生的一对，高集体主义导向下，转换型领导风格和突变式创新的正向关系被减弱，交易型领导风格和渐进创新式之间的正向关系被加强（李民祥等，2015）。转换型领导能够有效拓展员工视野、激发员工智力，在促进员工创造力方面有着积极的作用。从创新程度上来看，其企业价值观主导创新性和突破性，表现出较强的风险偏好，并强调对新产品、新服务或新工艺的开发。法里斯（Farris，1988）指出，组织创新与组织规划都与领导风格有密切的关系，因此应多关注技术创新中的领导。贝司（1999）认为转换型领导可以显著提高员工的革新精神和创造性，并进一步提高组织的创新水平。皮肯（Picken，2000）认为高层管理者的领导风格对组织创造力的影响更明显。李超平和时勘 2006 年的研究指出，在中国国内背景下，转换型领导风格对员工工作态度的影响作用显著，并且转换型领导风格的不同维度对员工工作态度的不同指标的影响存在一定的差异性。曲如杰和康海琴（2014）就领导风格对员工创新的影响进行实证分析，得出不同领导风格对员工创新有不同的影响作用。交易型领导在现有的体制和文化中，倾向于规避风险，关注时间限制、标准和效率，并且可能对下属的过失进行严厉批评，因而会对下属的创新产生严重的阻碍，交易型领导的论功行赏行为，由于设定员工需要达成的目标以及相应所能获得的奖酬，会促使下属采用最简单和最直接的方式来解决问题而不会尝试用其他方式来创新。交易型领导对下属的论功行赏和依过处罚原则可能导致下属仅仅为了获取奖赏而进行创新活动，或由于害怕受到责罚，而倾向于采用既定的方式来解决问题而不是尝试新方法。转换型领导运用魅力激发下属的崇拜、尊敬和忠诚，强调拥有总体使命感的重要性。通过行动上的榜样，转换型领导促使下属提出新想法，并对现有规则中的不合理之处提出质疑。借助个体化关怀，转换型领导对员工表示出同情、关怀与支持，这些有助于员工克服挑战现状时的恐惧，从而促使创造力的产生。通过支持创新、赋予员工自主权和挑战，领导者激发员工的智慧、增进探索型思考。

除了直接影响创新行为，转换型领导会通过中介变量，间接促进创新。尤克尔（2002）提出领导风格提高组织创新的媒介是组织文化。辛和周（Sin & Zhou）的研究表明：内在动机是转换型领导与下属创造力的中介变量。其理由是：转换型领导对下属进行的智力激发和个体化关怀使下属对任务更感兴趣，而不必担忧或关心外部情况，从而形成高水平的创造力。转换型领导所起的示范作用会使下属工作时精力旺盛并达到更高目标。他们更关注当前任务，而不是任务以外的问题。转换型领导通过个体化关怀为下属树立自信并促进他们的个人发展，以及通过给下属的工作赋予意义和挑战，从而增进下属的心理授权。德维尔等（Dvir et al.）通过对以色列的士兵进行纵向研究得出结论：转换型领导对下属的心理授权产生正向影响。蒂尔尼和发默尔（Tierney & Farmer）的研究表明，有着较高水平创造性自我效能的员工会更富有创造性，创造性自我效能对转换型领导与下属创造力间的关系起着中介作用。创造性自我效能是这样一种信念：相信自己有足够的知识和技能去产生创造性的成果，创造性自我效能的基础是能够产生创造力的知识和技能。这一概念源于班杜拉（Bandura）定义的自我效能。根据班杜拉的观点，自我效能来源于四个方面：观察学习（observational learning）或是替代性经验（vicarious experiences）、以往成功经验（enactive mastery experiences）、语言说服（verbal persuasion）、生理/心理状态（physiological/affective states）。转换型领导可以对上述的四个效能来源产生影响。转换型领导在思考和产生新方法方面对下属言传身教。这种示范作用使下属相信自己也能产生新想法。转换型领导对下属智力的激发能有效促使下属认为自己也富有创造力。对下属的个体化关怀为下属提供支持和鼓励，对下属的指导有助于其自我发展，从而使下属有更多成功的体验。对下属的授权使其能够独立和批判性的思考。在下属解决问题时表现出的感同身受、赞赏、关心和支持，使之能处于较好的心理和生理状态。转换型领导的这些行为都有利于下属的创造性自我效能。

转换型领导是一种情感领导，本质上就是通过个人的人格力量和魅力的特质来影响下属的过程，这种类型的领导具有个人魅力，拥有令员工心悦诚服的特质，能成为员工的角色典范（陈文晶等，2007）。转换型领导让员工感受到他们的关怀、照顾和喜爱，从而增强员工的工作满意度和信任感。转换型领导风格除了会影响员工的工作满意度以外，还会通过组织认知间接的影响员工对工作环境的正面评价，员工在一种支持性的、放松的工作环境中，会表现出更高的创造力（Mumford，2002）。

根据韦斯的情感事件理论，工作中的情绪由特指的工作事件决定，员工对所发生的事件产生情绪反应，进而这些反应又影响他们的工作绩效和满意度。与个体一样，组织也会通过共同的经历或事件发展出共享的态度、行为模式和情绪反应，并进而影响组织的行为和绩效。组织情绪氛围取决于成员有共同的经历以及曾共同经历的某些事件，由此发展出组织成员对组织情绪以及组织中情绪交换所共享的感知。当一个人进入一个组织所感觉到的欢乐或消沉、轻松或担心，就是组织情绪氛围。当情绪氛围积极时，积极情绪分享会使组织内部出现更多的扩展和开拓性互动，此类互动会影响组织创造力、成员对组织的满意度、成员的学习以及成员对组织的满意度。巴斯德（Barsade）的研究也发现组织成员经历的积极情绪感染有助于提升合作。积极情绪氛围会促进成员的组织公民行为，进而可能影响团队的知识共享和人际沟通，而人际沟通和知识共享与创新都具有正向关系。如果一个组织遇到了重大挫折，或受到内部人际纷争的影响，便可能带来消极情绪氛围。消极的组织氛围会影响内部的合作与沟通，会妨碍成员的行为以及转移注意力。鉴于此，组织情绪可能作为领导替代/抵消因素，对领导效能的实现起到调节作用，能够帮助/阻碍领导者带领成员进行创新活动。当组织情绪氛围积极时，通过促进成员之间的扩展和开拓性互动，以及相互之间的合作和知识共享，可能会削弱交易型领导对团队创新绩效的负影响，同时也可能会增强转换型领导对团队创新的正影响。

另外，转换型领导有利于员工产生组织信任感和公平感，从而进一步增强员工对组织的认同、投入和忠诚感。员工在实现目标的同时满足其基本的心理需求并实现自我价值，进而愿意为组织的利益牺牲个人利益（Yang，2014）。员工在情感关怀下能够更清晰地感知到领导对创新的支持（王颖等，2012），为了组织利益牺牲自己的利益，并达到超出原来期望的结果。员工会表现出更高的工作热情，从工作中获得更多的满足，并且他们把工作看作实现个人需求的过程，继而在实现组织目标和个人价值的过程中，表现出较高的风险承担意愿和更高的创造力（Van Scoffer，2000）。

2.5　研究述评

国内外相关文献中，关于组织创造力和企业创新的相关研究基本上是在已有研究的积累上，对影响组织创造力的因素进行扩展性分析，以探讨相关变量间的因果关系。关于组织创造力研究通常采用的是理论综述与实证研究相结合的方法，在调研过程中还涉及问卷调查法和深度访谈法，在研究对象的选取上，包括组织内的个体、工作团队和组织等。近年来的研究还体现了跨层次的研究趋势，即从个体到团队、个体到组织、从团队到组织以及个体、团队和组织中影响变量的综合研究，以寻求其中的内在相关、调节或因果关系。但本书认为建立完整创新理论还有待更多的拓展性研究。

首先，国外学者近年来对于创造力前因变量的研究取得了长足的进展，国内对于组织创造力的研究还停留在对国外成熟概念、量表与模型的引用和描述性探索上，国外学者提出了许多与创造力有关的新概念，如组织情绪能力、情绪资本等，于伊（1999）提出了关于组织内情绪能力的六种动态性描述，但国内在这方面的研究还处于起步阶段，对于组织创造力与这些新概念的关系研究还停留在引用国外成果上，缺乏实证支持和实践检验，难以对现实中的管理问题进行有效的指导。因此，我国组织行为领域和创新研究领域迫切需要加强对相关变量的实证研究，以对管理实践提供充分的理论支持。

其次，文献回顾中，大量关于创新研究和组织情绪能力研究文献均来源于国外，其研究所选取的样本数据也集中在西方国家，已有的变量间相互关系可能在其他国家和文化背景先产生偏差，这一点尚未得到证明，关于跨文化的差异研究也相当匮乏。因此，在后续研究中，应该加强在中国背景下的组织创新及创造力前因变量的研究，深入分析不同文化背景下相关影响变量是否对组织创造力的影响有差异。

最后，国内关于组织创造力和创新的研究往往还停留在概念本身，缺乏与其他基础应用理论的横向联系，关于组织创造力和创新行为产生影响的组织行为因素、心理学因素等影响变量的相关关系和因果关系的研究非常薄弱，难以为企业经营实践提供可靠依据。目前，国内在影响创新的情绪氛围和情绪能力研究方面已经开始起步，但以创新型企业研发人员为研究对象的心理和行为机制实证研究还不多见。因此，在后续研究中，应该将影响创新和创造力的诸多情绪要素纳入一个更加完善的研究框架中，综合分析情绪能力、组织情绪、情绪资本、情绪劳动等对组织内不同层次创造力的影响。

2.6 本章小结

本章首先回顾了组织创新和组织创造力的相关研究成果，从个体、团队和组织三个层次深入分析影响创造力的相关因素，对于创造力的形成和产生过程进行了系统阐述。其次，对组织情绪能力的研究进行了系统的回顾，从心理学界的研究起源——个体情绪，到逐渐发展的情绪劳动、情绪资本，再到情绪能力和组织情绪能力的提出，梳理了组织情绪能力与组织创新及组织创造力的影响关系，为下一步提出研究假设奠定基础。再次，对本书的基础理论：领导风格理论和企业能力理论进行了回顾和梳理，以便对探索领导风格、组织情绪能力、企业创新三者间作用关系提供理论依据。最后，对现有文献研究做检验评述，指明后续研究的方向。

第 3 章

领导风格对企业创新影响的质性研究

在创新研究中，通常采用质性研究方法对未知的概念或理论、尚不成熟的研究领域做进一步的补充和完善，以克服研究者固有的思维模式。在当前我国创新驱动发展战略的大背景下，从组织情绪能力角度探讨领导方式对企业创新的作用机制，是一个具有重要理论和实践意义的新兴课题。目前国内对组织情绪能力的研究尚处于起步阶段，对转换型领导与企业创新及组织情绪能力的关系研究还未见报道。因此，本章通过运用扎根理论对案例进行分析，初步建立理论模型。

W公司是具有61年经营历史的老牌企业，发动机气门和气门挺杆是其主要的生产和销售业务，产销能力位居国内同行业前列，长期为宝马、福特、大众、奇瑞等国内外知名汽车品牌供应配套零件，公司具备独立的技术研发能力，现有工程技术人员约110人，主要负责产品升级、技术研发、质量提升等工作。W公司规模适中，横跨高新技术和传统制造两个行业，因此，本书以W公司为例进行质性研究。

3.1 扎根理论方法概述

扎根理论研究法是一种能够将数据分析、理论研究和实证方法相结合的研究法，它针对某一现象，在翔实的经验资料基础上，运用系统化的程序，通过科学的逻辑、归纳、演绎、对比、分析，螺旋式地从现象中提炼该现象的基本问题，并逐渐创建和完善相应的理论体系，不断地收集数据完善理论。

运用扎根理论一般要经过开放性译码、主轴译码和选择性译码三个阶段，研究者必须首先在翔实的资料中产生概念，通过系统的访谈和询问被访者信息提炼相关概念和属性，反复比较新旧数据，当出现与已有类别或范畴不同时，就对理论进行修正，把新的范畴纳入理论，直至理论饱和而不再产生新的范畴。

3.2 数据收集

3.2.1 数据收集方法

本书运用典型抽样方法，在 W 公司内选择能够提供所需信息的人员开展深度访谈，以保证样本资料的信度和效度。应用扎根理论的访谈抽样分为开放式抽样（open sampling）、关系性和差异性抽样（relational and variational sampling）、区别性抽样（discriminating sampling）（Van Scoffer，2000）。除对管理人员的访谈之外，首先，笔者对 W 公司研发中心员工进行随机抽样，即开放式抽样。其次，根据访谈和资料收集结果，采取差异性抽样，将访谈对象缩小为工作年限大于等于三年，在项目研发团队中能够发挥重要作用的人员。最后，通过区别性抽样，将访谈对象进一步缩小为有一定研发成绩（如取得专利或获得公司创新类嘉奖），周围同事评价个性鲜明（人际关系较好），最终选定 W 企业内的七名员工作为访谈对象，其访谈结果用以分析领导风格与组织情绪能力及创新行为之间的关系，通过归纳总结，形成理论。

深度访谈开放性和方向性的特点，使其非常适合于扎根理论的研究，在进行访谈过程中，不但要遵循一定的访谈流程，还要注意个人的语速、提问的技巧以及引导被访者更多的细节陈述。本章的访谈问题设置包括但不限于：（1）日常工作介绍，用以了解企业创新人员工作强度、工作压力。（2）员工对所在企业、部门的创新环境感受，企业对于鼓励员工创新所做的工作、制定的政策等，尤其是部门主管对于鼓励员工创新所做的自发性的工作。（3）员工之间沟通情况，用以了解工作分配情况和部门主管对于部门内部性格偏执员工的管理方法。（4）影响工作情绪的因素以及处理方法。（5）员工对于个人情绪的表达途径和方法，用以了解部门主管对于部门内部工作情绪的关注度。（6）介绍研发过程中的失败事例，用以了解企业对于失败的包容度。

3.2.2　数据收集过程

本书选择 W 公司作为案例研究对象，原因有三：首先，该企业强大的研发能力和较高的研发效率是其长期获得各主机厂青睐的主要原因之一，是汽车行业内具有一定自主创新能力的代表性企业；其次，该公司工程技术人员创新能力和素质水平赢得了业界广泛赞誉，其围绕研发项目的人才管理和培养机制成效显著；最后，该公司组织结构较为简单，研发人员相对集中，进行实地访谈和资料获取较为便捷。

笔者在2016年10月到2017年2月期间，先后对W公司的四名管理人员和从事技术创新的工作人员进行了半结构化的个人深度访谈，其中通过区别性抽样，将普通员工访谈范围缩小为七人，访谈对象基本情况见表3-1。

表3-1   访谈对象基本情况

性别	年龄（岁）	工作时间（年）	被访者职务	主要工作
男	49	25	副总经理	研发方向及技术路线
男	42	19	研发主任	研发设计工作指导
男	42	19	研发副主任	产品研发
男	45	22	研发副主任	产品设计
女	41	18	产品工程师	产品外形及功能设计
男	30	7	产品工程师	产品外形及功能设计
男	28	5	产品设计工程师	产品外形及功能设计
男	34	10	产品设计工程师	产品外形及功能设计
男	27	4	产品研发工程师	新产品开发
女	35	12	产品研发工程师	新产品开发
女	38	15	产品研发工程师	新产品开发

本章访谈对象基本都是在企业内工作3年以上的员工，其中有两位已经从事研发工作20年以上，因此，收集的访谈资料具有一定的代表性和真实性。访谈地点选择在W公司的会议室进行，管理人员采取一对一单独进行，每人访谈时间在30分钟左右，普通研发人员随机按2人一组，同时强调此次访谈仅用于学术研究，保证访谈过程的私密性。访谈提纲以一系列核心结构化问题为主，在访谈过程中使用一些机动的方法来指引受访者回答，进一步解释各项题目所代表的意义，

以避免产生误解。相关文件资料的获取以企业网站介绍和企业提供的公司考核分配制度以及近几年关于研发人员激励和培养方面的文件为主。在此基础上，得到了三百余分钟的录音音频及近两万字的文字材料，加之网络搜集资料以及被访企业的相关二手资料，用于扎根理论的分析。

3.3　数据编码

3.3.1　开放性编码

按照扎根理论的操作程序，首先对深度访谈和收集到材料中的词句、段落等进行分析、概括、归纳和标识，通过三级编码抽象成概念，然后将概念进一步整合成范畴和核心范畴，以此寻找各因素间的关联性，最终形成转换型领导、组织情绪能力与企业研发人员创新之间的关系模型。

开放性编码就是按照一定原则，将访谈、文件等原始资料进行归纳整理、逐级缩编，首先将大量语句抽象成概念，然后将概念彻底打碎，重新组合，提炼范畴，并能正确反映资料的内容，实现现象的聚敛（Barney，1967）。本书通过对获取资料的概括、分解，共抽象出 109 条概念，并按照相同内涵特征的原则将这些概念进一步分类重组，通过多次循环比较考察，最终总结出情绪表达、人际关系、共担风险、包容失败、关心下属利益、创新绩效等 43 个范畴。本书部分资料开放性编码的过程见表 3 - 2。

表3-2 W公司资料记录开放性编码过程示例

文件及访谈资料整理	贴标签	概念化	范畴化
公司非常重视研发过程中的沟通与反馈，我们有一种叫"班前会"的制度，就是每天上班前召开15～30分钟的短会，总结工作进展，交代注意事项（m1）。团队成员，项目经理、公司相关支持部门也参会（m2），必要时发现人情绪（m3），及时协调沟通。通过会议一是发现研绪（m3），及时协调沟通（m4）；二是发现解决问题和困难，及时发现的"支持者"。目的是减少将相关人员与研发人员顺畅有效（m6），促使垂直沟通更加顺畅距离（m7）。公司对于员工在日常工作中可能出现的错误，一般采取尽量包容的态度（m8），但有一定底线。例如当个别员工出现工作失误，直接领导首先帮助分析出错原因（m9），如果是客观原因，比如设备、资源支持等，团队配合时领导再次出面协调处理解决（m10）。防止类似错误再次发生，如果是员工主观原因，则通过与员工谈心、了解真实情况（m11），比如个人能力问题（m12），一般通过工作重新分配、岗位调换等原因，调整解决临时态度（m13）。家庭、健康等原因（m14）；工作态度问题，一般以批评教育为主（m15）；严重的进行撤职、转岗为主。对于个别偏执员工，需要领导解除劳动合同（m16），与员工沟通交流，讲清利弊进行判断（m17），只对破坏底线的行为和个人采取措施（m18）	m1 重视沟通 m2 领导者参与 m3 发现情绪 m4 及时协调沟通 m5 及时解决困难 m6 压缩权力距离 m7 上下级权力距离 m8 包容失误 m9 领导者协调解决主观失误 m10 领导者帮助下属分析失误 m11 谈心工作调整解决主观失误 m12 工作调整解决能力不足 m13 关心个人生活 m14 工作调整解决个人生活问题 m15 批评解决临时态度问题 m16 批评解决态度问题 m17 包容解决态度 m18 破坏底线采取措施 m19 学习型领导 m20 学术型领导 m21 以身作则 m22 师生般的上下级关系 m23 鼓励自由表达 m24 鼓励创新实践 m25 知识传承 m26 沟通交友 m27 内部经验交流	c1 及时沟通（m1, m4, m26） c2 领导者参与团队（m2, m10） c3 情绪感知（m3） c4 团队凝聚力（m5, m25） c5 和谐的上下级关系（m6, m22） c6 沟通顺畅（m7） c7 错误容忍（m8, m9） c8 精神支持（m11） c9 主动工作调配（m12, m14） c10 关心下属个人问题（m13） c11 批评教育（m15） c12 重视管理者经验（m16） c13 包容个性（m17） c14 惩罚（m18） c15 组织学习（m19） c16 管理者个人魅力（m20, m21） c17 鼓励自由表达（m23） c18 鼓励创新实践（m24） c19 知识传承（m27） c20 处理内部矛盾（m28, m29） c21 缓解压力（m30） c22 创建和谐氛围（m31） c23 创新连贯性（m32）	s1 情绪表达（c1, c6, c17） s2 行动导向（c2） s3 情绪感知（c3） s4 共担风险（c5） s5 包容失败（c7, c13） s6 关心下属利益（c8, c10） s7 团队合作（c4, c9） s8 疏导消极情绪（c11, c14, c20, c21） s9 学习提高（c15） s10 受尊敬可信频（c16） s11 鼓励试验（c18） s12 知识转移（c19） s13 推动积极情绪（c22） s14 组织创新（c23）

续表

文件及访谈资料整理	贴标签	概念化	范畴化
公司的研发团队是学习型团队（m19），领导也是学术型领导（m20），以身作则（m21），上下级关系就像师生（m22），经常鼓励我们发表自己的想法（m23），并付诸实践（m24），遇到问题会通过内部讨论解决（m25），彼此沟通和联系频繁（m26），交流经验（m27），协调了团队任务实施过程不一致性（m28），消除了团队冲突的负面作用（m29），有效缓解了员工压力（m30），在企业内形成一个自由、宽松的创新氛围（m31），保证了研发活动的有序进行（m32）	m28 协调不一致 m29 消除团队冲突 m30 缓解员工压力 m31 宽松的氛围 m32 有序创新		

注：1. 资料来源为访谈录音和公司相关文件整理，对语言进行了一定程度的规范化。
2. 为说明研究过程枢和节省空间，本章只截取了开放性编码表格的一部分为示例，且概念中所包含的标签及范畴中所包含的概念删掉了示例资料中没有的标签。
3. "m"表示标签；"c"表示概念；"s"表示范畴。

3.3.2　主轴性编码

主轴性编码是在深度挖掘原始资料的基础上，通过典范模型，将各自独立的范畴联系起来，并进一步挖掘范畴的含义，整合抽象出更高层次的范畴（主范畴）。本章通过不断比较和挖掘，共得到理想化影响、个别关怀、自由表达、合作交流、组织创造力共5个主范畴。主范畴典范模式分析过程如表3－3～表3－7所示：

表3－3　　　　　　　　　主范畴"理想化影响"典范模型

因果条件	技术权威、个人素养	中介条件	共担风险
现象	信心建立、学习提高	行动策略	关心下属利益、行动示范
脉络	受尊敬可信赖、行业典范	结果	推动积极情绪、集体性情绪、工作满意度、鼓励试验、组织创造力、个体创新

表3－4　　　　　　　　　主范畴"个别关怀"典范模型

因果条件	尊重下属、情绪理解	中介条件	关心下属利益、精神支持
现象	承认差异、包容个性	行动策略	鼓励试验、错误容忍、专业辅导
脉络	员工成长、私人情谊	结果	推动积极情绪、工作满意度、个体创新

表3－5　　　　　　　　　主范畴"自由表达"典范模型

因果条件	情绪感知、情绪理解	中介条件	人际关系、私人情谊
现象	情绪表达、包容个性	行动策略	情绪调节
脉络	集体性情绪	结果	推动积极情绪、疏导消极情绪、工作满意度、创新绩效

表 3 - 6　　　　　　　　主范畴"合作交流"典范模型

因果条件	愿景规划、情绪表达	中介条件	共担风险
现象	研发耐性、凝聚力	行动策略	处理内部矛盾、专业辅导
脉络	团队合作、员工互助、团队信任	结果	组织创造力、组织学习、知识转移、知识分享

表 3 - 7　　　　　　　　主范畴"组织创造力"典范模型

因果条件	信心建立、学习提高	中介条件	专项激励、研发耐性
现象	能力激发、创新连贯性	行动策略	鼓励试验、错误容忍
脉络	组织创造力、创新水平提高	结果	创新成果

3.3.3　选择性编码

选择性编码是通过总结和提炼能够概括所有范畴的核心范畴，将尚未发展完备的范畴补充完整并形成建立在范畴关系上的扎根理论的过程。本章通过对 5 个主范畴及相应副范畴的深入分析、比较，发现可以用转换型领导通过提高组织情绪能力并有利于提升企业创新的主范畴来概括其核心范畴（见图 3 - 1）。

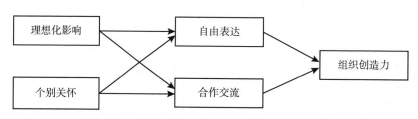

图 3 - 1　转换型领导对组织创造力的影响作用

3.4 信度与效度检验

本章对选择性编码取得的五个主范畴进行编码信度检验，通过三名编码人员各自统计范围内编码的概念，用概念的交集除以并集来衡量编码的一致性信度。用 A1、A2、A3 代表三人各自的编码概念，A1∪A2∪A3 表示三名编码人员所归纳概念的总和，A1∩A2∩A3 代表三名编码人员总结的概念交集，内部一致性系数为 A1∩A2∩A3 与 A1∪A2∪A3 的比值，一般结果在 0.8 以上则表示编码结果是基本一致的。本章所研究的五个主范畴的编码一致性均在 0.8 以上，因此编码信度达到可接受水平。见表 3－8。

表 3－8 编码信度检验

主范畴	一致性系数
理想化影响	0.82
个别关怀	0.85
自由表达	0.83
合作交流	0.80
组织创造力	0.80

本章采用内容效度率（CVR）来评判编码的效度，如果 CVR 值为 1，表明所有编码者认为某概念能代表所在范畴，如果 CVR 为 0，说明概念的数量与编码人员数量相等，如果 CVR 为取值为负，说明该概念不能反映所在范畴。本书计算了 109 个概念和 43 个范畴的 CVR 值，结果表明，其中 91 个概念和 38 个范畴的 CVR 值为 1，其余概念和范畴均在 0~1，说明编码结果的内容效度良好。

3.5　理论饱和度检验

为保证研究的严谨性，笔者又进行了一次访谈，通过对访谈记录的整理比较，发现新的陈述内容几乎被现有资料覆盖，没有新的概念和范畴出现，由此判断，本章研究的理论模型"转换型领导通过组织情绪能力影响企业创新"是饱和的。

3.6　质性研究结果及讨论

在针对 W 公司的扎根理论研究中，本章发现企业和部门领导者在项目研发过程中鼓励研发项目组之间以及团队内部成员之间的互动、协作与竞争，鼓励良好的沟通，对于研发中的问题主动给予帮助，赋予团队成员较多的自主权；在日常工作和生活中，企业为研发人员提供相对优越的薪酬水平、福利政策、晋升空间和培训机会，形成一个彼此关怀、鼓励，共同成长的组织氛围。基本与转换型领导的精神鼓舞、理想化影响、个别关怀、智力启发相契合，因此本研究认为，转换型领导与企业创新之间存在正向关系。

本章将 W 公司围绕研发项目，提高企业创新能力的管理与实践总结见表 3－9。

表 3－9　　W 公司围绕研发项目提供企业创新能力的管理与实践

管理策略	做法与实践
员工招募与甄选	研发人员强调个人性格特质、团队合作精神，以及与公司价值观匹配，更看重员工个人兴趣、自信心和自我学习精神。通过轮岗制甄选合适的研发人员

管理策略	做法与实践
研发过程管理	建立"每日会议"制度及时沟通，解决问题、避免冲突；部门内部自发性工作调配与精神支持；各部门给予充分支持和密切配合
领导方式	项目主管选择重视管理经验和沟通技能；看重其个人魅力和业内权威地位；实施扁平化管理，赋予员工高度的工作自治性和决策参与权；强调对员工精神上的支持，建立和谐的上下级关系
绩效薪酬管理	绩效考核与技术级别、任务完成情况、创新绩效挂钩；在薪酬分配比重上向研发人员倾斜；薪酬数量无上限；重视团队合作；重视有创新性突出贡献的人员
奖励晋升制度	建立自我发展、自我实现的组织环境；建立创新专家表彰和荣誉制度，设立专项奖励基金，对创新人才进行物质和精神奖励。专业和行政双晋升通道；重视员工个人意愿与特长
福利保障	采取物质与精神相结合，以物质为主的方式；面向研发人员设立多项奖励制度；公司内各项活动向研发人员倾斜，提高研发人员优越感；培养员工互助的组织文化；提供高质量培训
员工培训与提升	重视员工个人能力提升与企业发展相结合；提供有挑战性的工作；帮助员工接触前沿；鼓励员工提高学历和专业技术认证；促进组织内部知识、技能的传承与整合

在 W 公司案例中，首先，研发部门从人才甄选开始就以共同的价值观，相近的性格特点和对工作目标的认知为主要考虑因素，并通过一年的轮岗实习和双向选择，进一步加深了员工间的情绪联结，体现了较高的和谐动态性和认同动态性；其次，公司的"每日会议"制度，使研发团队内部以及研发团队与其他职能支持部门之间拥有较为宽松的情绪表达空间，体现了较高的表达动态性和游戏动态性；最后，公司制定的具有吸引力的激励、晋升及各项福利制度，也使得研发人员在工作中充满激情和满足感，体现了较高的鼓舞动态性。由此可以看出，W 公司的研发部门具有较高的情绪疏导和控制能力。W 公司研发团队的领导偏向于转换型领导方式，获得了下属的尊敬和信任，通过设定明确的工作目

标、外在工作动机和内部激励机制，使员工在工作中能够较为充分地释放热情；为员工提供表达意愿的平台和机会，使其感受更多的自主性，营造出一种形式自由但工作紧张的创新氛围和文化，形成对公司和团队情感上的认同，因此本书认为，转换型领导与组织情绪能力之间存在正向关系，并通过组织情绪能力有利于提升企业创新能力。在研发创新工作中，第一，更有利于研发人员进行情绪沟通、互动和共享，从而统一认识、统一行动，并推动跨层级的创新联合行动。第二，更有利于研发人员了解组织内的情绪反应，接受和融入组织创新活动的情绪表达，减少情绪冲突、摩擦和抱怨，进而提高创新活动的连贯性。第三，更有利于研发人员对组织情绪的同步协调，提高工作动机，促成合作，形成共同参与、积极主动的创新行为模式，最终提高组织创新质量。因此本书认为，组织情绪能力与个体创新和组织创新之间都存在正向关系。

通过上述分析可以看出，在 W 公司案例中，研发团队的领导偏向于转换型领导方式，其基本都能获得下属的尊敬和信任，形成下属对公司和团队情感上的认同。因此本书认为，转换型领导与组织情绪能力之间存在正向关系，并通过组织情绪能力进一步提升企业创新。

3.7　本章小结

本章通过对 W 公司内的 4 名管理者和 7 名从事研发创新的员工进行深度访谈和收集企业相关的外部资料，利用扎根理论进行编码，对领导风格、组织情绪能力与组织创造力之间的关系进行了分析，研究结果显示，组织情绪能力的自由表达和合作交流能够促进组织创造力水平的提升，转换型领导的理想化影响和个别关怀在自由表达和合作交流的作用下进一步促进企业内组织创造力的提高。

第 4 章

理论模型构建与研究假设提出

第 3 章质性研究中，运用扎根理论方法得出转换型领导对企业创新有正向影响，组织情绪能力在转换型领导对企业创新的关系之间起中介作用。虽然大部分研究认为转换型领导能正向影响创新和组织创造力，但对于组织情绪能力的维度划分和在上述关系中的影响机制还不明确。本章将在案例分析的基础上，通过文献梳理和理论分析，探讨转换型领导、交易型领导两种领导风格，组织情绪能力、组织创造力、探索式创新、利用式创新之间的关系，并引入集体主义导向作为调节变量，剖析领导风格对组织情绪能力的影响机制，以构建本章的理论概念模型，提出研究假设。

4.1 研究模型的构建

4.1.1 组织情绪能力及其维度

一个组织的情绪能力包含很多个方面，具体表现为组织运用制定的管理制度和工作规则引导和规范员工的情绪和行为，在不同情境下能够感知、调整和控制组织内情感的能力（Huy，1999）。没有内部动机的支持和促进，员工无法自觉主动地参与到创新工作中，组织情绪能力可以疏导员工的不良情绪，协调并解决员工的不良情绪，增强工作的内在动机，在此过程中不断提升组织能力，形成组织内完善的情绪管理体系，以帮助管理者精准的评价情绪状态，及时拿出解决情绪问题的方案（George，2007；Ashforth，1995）。组织情绪能力涉及组织情绪、思维与惯例的组织与整合，侧重于特定的情绪状态，而非一般的情绪特征。爱科恩（2009）通过实证研究指出，组织情绪能力与内部的沟通协作和成员之间情绪表达密切相关。综合爱科恩、于伊等学者的相关研究，本章用七种组织的"情绪维度"来解释组织情绪能力，特别是组织情绪能力对企业创新的影响。

（1）鼓舞。鼓舞动态性往往与组织的领导风格息息相关。转换型领导蕴含的一个重要概念就是精神鼓舞，这类领导善于在组织内营造鼓励创新、包容失败的工作氛围，促使组织成员在支持性环境里为创新想法努力探索。

（2）自由表达。当组织成员能自由地表达个人情感时，说明所处的环境是安全和放松的，这会提高个体在工作中的满意度并产生正面的情绪。

（3）环境氛围。工作氛围与情绪的关系已经得到学者的广泛认可，个体的情绪表现是组织情绪能力强弱的具体体现，良好的工作氛围将有利于获得更真切的反馈意见，有助于推动已经成形的设计方案的具体实施。

（4）情感体验。良好的情感体验能够增强成员之前的好感度，有助于增加互助行为和彼此的关注，容易在工作中结成项目小团队从而通过头脑风暴产生更多的创意。

（5）合作交流。人际冲突等交流方式是组织最主要的工作压力来源，同时也能引发不同的情绪反应，这些反应共同促进了组织情绪能力的组合和产生，同时，创新往往也产生于互动式的争辩中。

（6）身份识别。在中国传统集体主义价值观影响下，员工具有趋同的属性，工作绩效和人际关系密不可分，这种整体集体认同感能够凝聚内部的情绪能力，并在日常工作如创新活动中有所体现。

（7）组织包容。具有包容性的组织鼓励试验和容忍错误，能够使性格独特和偏执的创新型人才极尽所能地发挥聪明才智，为各种人才提供施展才能的平台和空间。

4.1.2　领导风格的维度

领导风格理论研究的代表性人物贝司（1985）对转换型领导的维度进行了界定，他将转换型领导划分为四个维度：理想化影响（idealized influence or charisma）、精神鼓舞（inspirational movtivation）、个别关怀（individualized consideration）、才智启发（intellectual stimulation），本章以贝司维度划分为准，对转换型领导的四个维度予以说明。

（1）理念化影响。转换型领导会提出一些很高的道德标准来影响下属，了解下属的个体需求，下属利益至上，与下属共同承担风险等，下属服从领导的原因在于，领导者是可敬和可信赖的，其行为值得下属遵循和模仿。

（2）精神鼓舞。转换型领导通常会通过情感激励的手段来唤起下属追求自我实现的动机，由此塑造转换型领导的影响力，取得下属在情感上对于领导者的认同（Bass，1985）。通常转换型领导会采取下面的过程来达到影响下属的目的：第一步是行动导向（action orientation），转换型领导首先会身体力行的推翻组织内的官僚主义、官本位思想，以获得下属在精神上的共鸣；第二步是建立信心（confidence building），通过权力下放、布置挑战性的工作任务等方式重塑下属对于自我能力的认知；第三步是鼓舞信念（inspiring belief in the cause），领导者会动用自身能量，调动下属灵魂深处对于成功的渴望，激发原始的内在工作动力；第四步是运用期望效应（making use of the Pygmalion effect），树立明确的工作目标，并激励下属达到超越预期目标的高度。

（3）个别关怀。转换型领导会关注每一位下属的工作和生活需求，有针对性地满足下属的要求，使下属感受到自己是被关注的、独特的，从而帮助下属在学习和成长的过程中最大限度地开发自身潜能。通常，这样的领导者并不会亲力亲为地解决每一位下属的问题和困惑，领导者会运用组织文化的力量，辅助自己达到这样的管理目的，例如打造组织内和谐共处的工作氛围、建立互助成长的组织文化、成立一对一的工作互助小组、导师带徒制度等（Bass，1990）。领导者会了解下属在工作上的目标，并帮助其实现，当下属有出色的工作表现时，会给予赞美和关切，或根据下属的不同性格特点，采取不同的关心方式。总之，转换型领导能够接受并尊重下属的个体差异，耐心聆听下属的需求，站在对方的角度思考问题。

（4）才智启发。才智启发是一种有助于下属增强学习能力、认知能力和解决问题能力的培养方式，转换型领导鼓励员工运用自己的工作经验和知识基础解决问题，同时鼓励下属从不同的角度看待问题，对已有的工作方法大胆提出质疑，不断提升问题处理能力（Bass，1999）。总之，才智启发是一种能够促进领导者和下属共同成长的方式，正如普拉哈拉德和哈默在《哈佛商业评论》中，对本田和佳能的研究报告指出，领导者适当的智力启发能够促成组织的革新和学习能力的提升。

4.1.3　组织情绪能力与企业创新

阿玛比尔（2005）在其情感创造力理论中提出了一个从情感到创造力的反馈循环模型（见图4-1）。该模型指出，在创造力的引发和认知过程中一定会伴随情感和情绪的产生，而积极的情绪感应会刺激创造力的发生，因此，组织内的情绪是组织中创造力的一个前因变量。

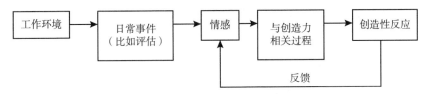

图4-1 情感创造力组成理论的精细化部分

组织情绪是个体对外界的一种感知，组织中的每一个成员，通过连续的任务互动，形成一个整体的组织结构，一方面影响情绪的个体化；另一方面影响成员的互动行为。已有研究证实，心理安全、工作满意度、组织公民行为、建设性冲突、组织创新氛围对组织创造力均有显著的影响，组织通过协调个体的努力程度、激发员工的工作动机来提高组织创新能力，而组织内的冲突能够引发情绪的变化。国内学者通过对组织情绪能力的初步探索认为，组织内跨层次的组织学习和知识分享会受到组织内情绪能力强弱的影响，在不同的竞争环境下组织情绪能力将会对组织学习和知识分享表现不同的影响水平。组织情绪能力较强的组织内，会开展更多有利于成员间互动沟通和增进了解的集体活动，深化成员对于组织使命的认知和认同感，促进创新知识在内部的传播和整合，进而有利于创新工作的开展和实施（孙锐，2012）。

4.1.4 领导风格、集体主义导向与组织情绪能力

在集体主义文化较强的中国，个体的行为和表现一般很难脱离周围关系网的支配和影响，因而中国人的情绪更容易受到各种人际关系和情感联系的牵制。高集体主义导向下，员工的趋同意识使大家不约而同地调节个体情绪以保持与组织的一致性；低集体主义导向下，每个人是独立的个体，个人会以自身情绪的舒适性为主，而忽视组织整体的要求。当组织内的情绪能力较强时，组织会适时地调整内部情绪氛围，积极的情绪氛围会使组织内开展更多具有扩展性、适应性、开拓性的互动活

动，这种互动会提高个体和团队的创造力表现、学习能力、知识分享、工作技能、工作满意度，成员的认知拓展和自主学习积极性，推动组织任务进度和组织绩效。

有学者认为转换型领导风格与集体主义是天生的一对，高集体主义导向会减弱转换型领导风格和探索式创新之间的影响关系，转换型领导鼓励员工之间的分享和协作，有利于营造企业内的集体主义氛围，高集体主义导向会替代转换型领导的作用，起到促进交流合作的作用（李民祥等，2015）。转换型领导实行的是以情感为基础的管理方式，在与下属的日常接触中通过展现自己的领导魅力和人格特质来获得下属的崇拜和追随（冯彩玲等，2016；陈文晶，2014）。下属在感受到上级发自内心的关注和照顾后，会自发地为工作付出努力，在反复循环的刺激与反馈后，组织内的满意度和认同感会逐步增强（Mumford，2012）。转换型领导风格除了会影响员工的工作满意度以外，还会通过组织认知间接地影响员工对工作环境的正面评价。研究指出，一种支持性的、开放的、放松的工作环境有利于创新工作者开阔思路，提出更多创新性的构想（朱天一，2012）。

个体的情绪反应通常由特定的情绪事件引发，作为由多个个体构成的组织也具有组织的情绪反应，通常由组织所经历的特殊事件、重大变革所引发共同的行为方式、情绪状态、情绪氛围等，这些后果都会对组织绩效产业影响。对于特殊事件的共同感知和情绪交换构成了组织内的情绪氛围，通常来说，积极的情绪氛围有利于成员之间的人际交往和工作交流（Liu et al.，2008；Barsade，2002），被消极情绪氛围笼罩的组织通常都经历了无法自愈的重大挫折，或者无法调节的内部矛盾和纷争，如果领导者不能及时处理，这种不良气氛会迅速在组织内扩散，感染组织成员的个体情绪，影响组织内的团结统一和合作沟通，影响技术的交流和创新工作的推进（Fisher，2000）。

领导风格是组织创造力和组织创新的重要前因变量，李（Rhee，2007）的研究也表明，组织内的情绪氛围往往与领导的行为和管理风格有关，领导对员工的情感关怀使其在工作中获得更多的情感满足，并将这种心理需求与组织目标结合在一起，在实现自我价值的过程中也为实现组织目标做出了贡献，同时能够增强自我能力建设和工作技能的培养，从而更愿意承担创新工作带来的风险（王颖，2012；Van，2000）。

4.1.5 领导风格与企业创新

不同的领导风格对于成员的创新绩效和创造力有着紧密的联系，转换型领导对组织创造力与创新行为有显著的正向关系（Pieterse，2010）。转换型领导往往懂得运用情感刺激来激发下属的隐性智力潜能，促进下属在创造力方面拓展技能，其管理方式在激进、创新和突破方面的偏好，使其不惧工作风险带来的压力，这种管理方式下更容易在探索式创新中产生较好的创新成果，而交易型领导的保守、稳定的特点和其基于雇佣关系的管理方式使得在激发创新行为方面的作用力度并不强大（Nijstad，2014；Jansen，2009；Shin，2003；Herrmann，2014）。在中国企业背景下，转换型领导风格能够改变员工的工作态度，并且转换型领导的每个维度对员工工作态度的影响存在差异，精神鼓舞和个别关怀对于工作态度的影响作用要强于才智启发，这说明作为一种情感领导方式，员工对于这方面的感知总是强于工作本身（时勘，2012；郑晓明等，2016）。曲如杰、康海琴（2014）通过实证研究发现，转换型领导和交易型领导二者对个体创新的影响力度和强度略有不同，总的来说，在中国企业现有的体制机构和文化背景下，（1）交易型领导倾向于保守、传统的行事风格，在管理中更多的关注工作任务本身和是否达到规定标准，并会以此为依据评判下属的行为，这些条条框框框梏了创新型人才的创造欲望，是不利于创新的；（2）交易型领导赏罚分明的特点使得下属过多的关注眼前的利益，当面对复杂的工作任务时，会采取最直接、最便捷的方法进行解答，不会对问题本身进行深度的探索（Amabile，1998）；（3）交易型领导对于错误的容忍度也是低于转换型领导的，这导致组织内对于错误的包容比较差，下属在工作时常常会担心犯错而受到处罚，因此会采用常用的、既定的方法按规定程序进行完成任务（Lee，2008；Amabile，1986）。转换型领导总是强调总体目标的重要性，懂得运用自身的魅力和感召力去影响下属的行为模式，促使下属提出新的想法，不断对既定程序和方法提出质疑，达到持续提升的目的；（4）转换型领导能够运用情感因素帮助下属克服对于未知任务的恐惧，直面工作挑战，树立自我价值观和创新自我效能感，通过权力下放赋予员工自主权，促进组织创造力和探索式创新（Bass，1985）。

除了直接影响创新行为，转换型领导会通过中介变量，间接促进创新。辛和周的研究表明：内部动机在转换型领导与个体创新之间的关系中扮演中介角色，转换型领导对下属的才智启发和精神鼓舞激发了下属对于工作任务本身的兴趣，不再是为了物质的奖励而努力工作，领导者对于下属的定制化关怀能够为创新工作者提供开放的环境氛围，而不必担忧或关心外部的变化，领导者的典范榜样作用也能够带领下属克服研发困难进而实现自我价值。转换型领导还会通过影响下属的心理授权进一步促进创新行为，转换型领导使得下属的工作内容更加富有意义和挑战性，能促进个体的心理建设和发展，增进下属心理授权，心理授权会进一步提升下属的创新工作意愿（Conger，1999；Avolio，2004）。蒂尔尼和发默尔（2004）的研究表明，创新自我效能感较高的员工往往具有较高的创新意愿和创新水平，而转换型领导的精神鼓舞和才智启发有助于提升下属的创新自我效能感，使下属相信我能行，转换型领导在创新工作中的言传身教也会对下属的信心建立产生影响。

4.1.6 理论模型构建

本书构建了以转换型领导和交易型领导为自变量，企业创新为因变量，组织情绪能力为中介变量的理论模型，并在领导风格与组织情绪能力之间引入集体主义导向作为调节变量（见图4-2）。企业创新是组织创造

力的表现结果，在动荡变化的竞争环境下，依靠单一的创新形式无法达成
理想的创新结果，因此，运用探索式创新和利用式创新能够适应当前不同
的企业经营环境，也是企业创新的重要表现方式，在这个模型中，我们用
组织创造力、探索式创新和利用式创新来测量企业创新，用理想化影响、
精神鼓舞、个别关怀、才智启发四个维度来测量转换型领导，将组织情绪
能力分为鼓励、自由表达、情感体验、合作交流、身份认同、环境氛围、
组织包容七个维度。本书试图揭示转换型领导和交易型领导通过组织情绪
能力中介变量影响企业创新的作用机制，同时探讨集体主义导向在转换型
领导与组织情绪能力、交易型领导与组织情绪能力关系中的调节作用。

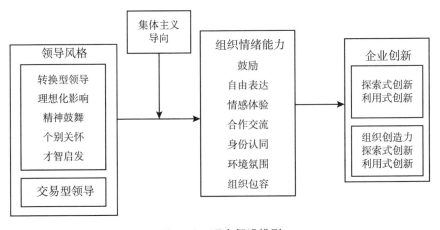

图 4 - 2 研究假设模型

4.2 研究假设的提出

4.2.1 转换型领导和交易型领导与企业创新的关系及假设

作为组织文化的主要塑造者和组织氛围的营造者，领导是组织创造

力产生的重要影响因素，在不同的文化情境下，不同的领导风格也会产生差异化的创新结果（孙永雷等，2016）。转换型领导关注的是组织的长期目标，注重激发组织成员潜力，鼓励员工进行原创的突破性创新（Wang等，2010）。在中国情境下的转换型领导研究，根据对个体创新和组织创新的作用途径可以分为三类：首先，转换型领导影响的是员工个人，或者说是员工心理感知的作用，如自主学习、自信，满意度提升等；其次，转换型领导会影响组织与员工之间的关系，包括上下级关系、同事间关系；最后，转换型领导带给组织的改变，员工对组织变化的感知也会随之变化，如组织的创新氛围、组织学习、组织公民行为等。转换型领导更关注员工个体的感受和组织整体信任力的建设，当员工感知到自己被对待的方式与他人一致时，会对领导产生认同感，从而对组织整体形成积极评价与回应，努力投入工作，激发个人的创新意愿，贡献于组织的整体创新（刘小禹等，2013）。

转换型领导由精神鼓舞、理想化影响、个别关怀、才智启发四个维度构成，精神鼓舞将唤起下属对领导者强烈的情感认同，使得下属更愿意投入领导者所从事的组织变革、组织学习、组织创新等集体活动中；通过理想化影响，领导者向下属描述未来发展趋势，给予下属较高的期望以激发工作热情，提升个人创新技能，为组织发展贡献创新源泉；转换型领导能够根据每个员工的性格特点和工作需求制定差异化的关怀战略，通过与下属建立良好的私人关系，使上下级之间沟通交流更为频繁和顺畅，也令员工敢于发表新颖且具有创造力的想法（吴隆增等，2013），同时也会让组织内所有成员感受到这种情感关怀的存在，这种个性化关怀在展现领导者个人德行魅力的同时，也会引领一批忠实的追随者，他们可能不受组织规则的约束，但是能够发自内心地维护集体利益，自主自觉地为了组织整体发展不断提高自身创新技能，逐渐成长为高效率的关键性员工。转换型领导通过才智启发鼓励员工打破常规，在创新压力下使用新方法完成工作而不必担心失败带来的后果，鼓励员工追求新知及尊重首创精神。

因此，本书提出以下研究假设：

假设1：转换型领导对组织创造力具有正向影响。

假设1-1：精神鼓舞对组织创造力具有正向影响。

假设1-2：理想化影响对组织创造力具有正向影响。

假设1-3：个性化关怀对组织创造力具有正向影响。

假设1-4：才智启发对组织创造力具有正向影响。

不同于转换型领导，交易型领导的主要观点是通过与员工进行有针对性的利益交换，给员工释放激励信号，引导员工从事创新导向的相关工作，领导者根据权变奖赏常用的利益交换形式，如：根据员工的工作强度和工作内容给予薪酬和福利的奖赏，对于有特殊贡献的员工给予股权激励等。在实际管理工作中，当员工的工作行为出现偏差及错误时，领导会采取相应的纠正措施以引导员工在组织规定的政策路线内实施行为，这为组织成员提供了个体行为的过程反馈，为员工传达了有价值的信息，有利于员工在创新工作中不断调整工作方案，加深对组织绩效标准的认知，促进整体创造力的提高。

转换型领导注重的是企业与员工的心理契约和情感交流，倡导将员工的个人目标与企业整体目标联系在一起，转换型领导更多强调高层次的精神激励，激发员工的内在创新激情，鼓励员工站在企业整体的角度思考问题以获得自身的发展。交易型领导关注的是员工较低层次的物质需求，实质是企业与员工之间的物质交换，这样的领导方式适用于某一类员工，但对于创新这种反复曲折且不确定性高的工作而言影响力有限，因此，转换型领导可能是一种最适用于企业创新活动的领导风格，他能激发员工的创造力和创新精神，而交易型领导风格也不是转换型领导风格的对立面，交易型领导风格中的权变奖励、例外管理对创新绩效同样具有积极地影响作用，两种领导风格互为补充，适用于不同的管理层次（王林雪等，2014；王飞绒等，2012）。因此，本书提出以下研究假设：

假设2：交易型领导对组织创造力具有正向影响。

假设3：相对于交易型领导风格，转换型领导风格对组织创造力的正向影响作用更大。

一般而言，探索式创新具有较高的风险性，因为这种创新方式属于拓荒式的创新，需要不断地搜索、寻找、试验、试错，长时间的循环反复最终形成创造性成果。利用式创新要求在原有基础上做修正和改进，具有一定的预测性和确定性。创新活动的开展一方面有赖于企业内部合理有序的集体活动，如高质量的组织学习、自上而下的知识分享机制等；另一方面无论是探索式创新还是利用式创新需要领导对于创新的支持，对于探索式创新而言，需要领导者敢于打破和摒弃原有的管理条框和技术路线，与现有的市场要求和竞争挑战进行有机的整合和调整，对从事创新工作的员工要求较高，转换型领导能够满足员工高层次的情感需要，最大限度地激发员工潜能，引导员工在现有技术基础上开发新方法、拓展新思路。交易型领导能够在了解下属需求的基础上通过物质奖励和惩罚，以交换式的方式促使员工去努力工作，通常交易型领导会为员工设定一种高创新成果与高报酬之间的对等交换制度，这种方式能够在一定程度上促进利用式创新和探索式创新，但是往往会导致员工为了完成工作来换取相应报酬而限制了自身的潜能深挖，无暇顾及要求更高的具有突破性的创新实验，当员工具有较高的自我认知和自我实现需求时，转换型领导比交易型领导更能促进员工从事各种形式的创新。

因此，本书提出如下假设：

假设4：转换型领导对探索式创新具有正向影响。

假设5：转换型领导对利用式创新具有正向影响。

假设6：交易型领导对探索式创新具有正向影响。

假设7：交易型领导对利用式创新具有正向影响。

4.2.2　组织情绪能力的中介效应假设

众多学者对于转换型领导与交易型领导的有效性进行了深入研究，

通常认为，转换型领导是交易型领导的拓展和补充，是以交易型领导为基础逐渐发展起来的领导风格，传统风格理论发展初期的科学管理是交易型领导的理论雏形，他们都对下属在物质需求之外的因素有所忽视，在交易型领导风格下，员工不会产生在转换型领导风格下那种强烈的情感承诺，但是交易型领导可以通过向下属明确其职责、任务、奖惩标准等来行使职能，交易型领导在工作之初就会与下属就薪水、福利等条件进行沟通并达成协议，具有鲜明的交换和契约色彩（刘小禹等，2011）。

也有人指出，对于转换型领导和交易型领导的研究，必须在特定的情境下。与此同时，组织层面的情绪问题也越来越受到重视，组织是由个体组成的整体，组织内的每个独立个体都会受到个人及他人情绪的影响，情绪对于组织来说是非常重要的概念。情绪能力较强的组织会具备较强的情绪调控能力，能为组织内营造积极、轻松的情绪氛围，组织成员会感受到较多的欢乐和正能量情绪，内部成员之间会开展更多扩展和开拓性、探索性的互动活动，这些活动有利于员工的创新行为、探索性思维、个人满意度、组织学习等（王士红等，2013）。如果一个人的生活遇到挫折，或者工作上受到人际纷争的影响，必然会导致个人情绪失衡，一个人的情绪如果失去控制，那很难再有足够的精力和心思放在自身工作上，更不要谈去做创新了。组织的情绪由每个组织成员的情绪汇集、整合而成，对于由个体组成的组织而言，也是有情绪的，而转换型领导的一个重要特征就是善于营造鼓励创新的组织情绪：通过理想化的影响这一维度，转换型领导在下属面前树立自信自强、敢于创新的良好形象，在组织内起到榜样和模范作用；通过才智启发，针对阻碍组织发展瓶颈，不断提出问题，鼓励下属运用新方法解决新老问题，激发员工的创造性思维；通过个别关怀，在生活和工作上给予下属适当的关心，及时安抚下属的不良情绪，将消极情绪控制在可控范围内，使得个体不断释放积极情绪。良好情绪在组织内部循环转换，在提升组织情绪能力的同时，为下属创造有利于探索创新的工作环境，从而推动组织和个体的创新能力提升。由于创新需要突破原有事物的框架，个体需要承担相应的风险，要开展创新必须付出长久的努力和巨大的精力，也需要组织给予深层次的激励以激发个体创新的内部动机，所以，当组织内的个体感知到被关怀和被鼓舞后，转换型领导会向下属传递一种关于自身价值、组织认可的讯息，这会激发个体的工作热情和积极性，加速个体对新鲜事物的信息处理过程。在情绪能力较强的组织内，能够引导积极情绪的扩散和员工对情绪氛围的感知，有助于扩大员工的认知范围和不同因素之间的链接，将注意力放在更复杂的情境中进行思考，促进员工对于工作问题在深度和广度上的探索。当个体更多地感受到组织内的积极情绪时，这种情绪会给人带来舒适的工作状态，使个体采取更加放松的态度和策略对创造性想法进行重组，这种状态体验有利于个体和组织发现事物之间的差异和联系，以便发现问题整合资源，开展更多的创新活动（李悦，2012）。

情绪对于组织来说是非常重要的概念，组织情绪是组织内所有成员对情绪交换、人际交往、领导风格、组织政策的感知，这种感知会反作用于员工个体，积极情绪能够促使个体寻求更具有灵活性和启发性的信息处理方式解决问题，从而激发创造力的产生（黄勇等，2016）。社会心理学理论认为，创新的过程中必然会遭遇各种情绪事件，个体的情绪波动会穿插在整个创新过程中不断感知和体验外界情境的刺激，同时创造力也会在这种个体和组织与社会情境的交互作用中产生，对于组织而言，个人的情绪变化会迅速地在组织整体范围内快速感染传播，此时，组织情绪能力就发挥着重要作用（张敏等，2015）。首先，组织情绪能力有调控组织情绪氛围的作用，帮助个体在工作时获得良好的体验，促进创新任务的顺利实施；其次，组织情绪能力对于内部情绪的调节和控制作用能够减少成员间的冲突，增加彼此间沟通交流，降低从事高风险创新活动所产生的不安全感；最后，组织情绪能力能够疏导内部的不良情绪，将积极情绪整合为强大的创新推动力，形成良好的创新氛围，有利于组织创新的实现。在组织层面上，领导风格会影响组织成员的心境，组织成员的心境会影响组织创造力，具有积极心境的个体在解决创造性问题的任务方面，表现出更好的创造力与效能（Grawitch，2003）。在创新活动中，情绪能力的运用有助于员工理解领导的管理行为，组织情绪能力与领导行为可视为一个相互关联的整体，两者可能存在交互作用而影响个体的创造性角色认同，具有创造性角色认同的员工能够更积极地寻求解决问题的新方法，创新水平也更高（王国猛等，2016）。因此，本书提出以下假设：

假设8：组织情绪能力在转换型领导风格和探索式创新之间起中介作用。

假设9：组织情绪能力在转换型领导风格和利用式创新之间起中介作用。

假设10：组织情绪能力在转换型领导风格和组织创造力之间起中介作用。

假设11：组织情绪能力在交易型领导风格和探索式创新之间起中介作用。

假设12：组织情绪能力在交易型领导风格和利用式创新之间起中介作用。

假设13：组织情绪能力在交易型领导风格和组织创造力之间起中介作用。

4.2.3　集体主义导向的调节效应假设

特里安迪斯（Triandis，1995）认为，集体主义会努力使个人目标与集体目标保持一致，当二者发生冲突时，集体主义者会以集体目标为主，不惜牺牲个人利益；集体主义者乐于与他人分享信息资源，做出的行为往往受到集体内其他成员的影响。集体主义与组织内的领导行为有密不可分的关系，转换型领导通过理想化影响、精神鼓舞、个性化关怀等将个人目标与组织目标结合在一起，集体主义者以组织整体目标为先，期望将个人与集体建立长期发展关系，因此，转换型领导与集体主义具有天然的相似性（杜旌，2013）。

转换型领导营造的乐于分享和沟通交流的环境氛围将有利于组织内的情感交流和情绪疏导，在集体主义文化的影响下，转换型领导可以通过自身的领导力感召和人性化的关怀使组织成员为了组织目标凝聚在一起，紧密的情感联系有利于组织层次情绪能力的不断整合和提高。集体主义导向下，组织领导者的理想化影响能够通过自身的典范作用获得下属的自愿追随，有利于增强组织凝聚力及组织内情绪状态的协调统一。转换型领导通过才智启发能够开阔下属的思维空间，通过思想火花的碰撞将个人想法汇聚成集体智慧，提高组织的整体能力，这其中也包括情绪调控方面的能力。对于交易型领导，首先其自身是比较传统和制度化的，其次在促进集体和谐和人际交流方面比较无力，当组织内的集体主义导向较高时，组织内部也不会出现更多的碰撞和火花，一方面，个体通常不会敢于打破现有的人际平衡，而另一方面，高集体主义导向代表着较强的执行能力，若交易型领导者的命令能够顺利彻底的实施，较少出现反对的意见，也会促进组织内为目标达成而付出的个人努力，交易型领导能够通过权变报酬和例外管理使下属聚焦在工作任务上。交易型领导主张用薪酬和福利换取员工的积极工作，这种绝对公平的管理方式使员工会毫无怨言地付出努力，做出符合组织规范的行为，有利于组织内的情绪稳定。组织情绪能力作为整合和调控内部情绪的系统能力，并不会自发形成，它有赖于个人与个人之间、个人与团队之间、团队与团队之间的沟通与协调，以及个体情绪的整合与互动。集体主义（collectivism）作为组织文化的重要维度之一，可能会促进或者阻碍组织情绪能力的形成。低集体主义导向下，员工的个人主义较强，竞争意识胜于合作，在较强的竞争氛围下，个体间和团队间的沟通交流必然减少，组织成员的忠诚度和紧密度可能会在个人主义影响下变得比较松散，当组织的资源或者内部关系不能满足个人的发展需要时，员工会基于个人利益的考虑而离开组织；高集体主义导向下，个人会将自己的情感与行为与集体保持高度一致，不会有"枪头鸟"为显示自己的与众不同而试图打破内部的情感平衡（杜旌等，2014）。因此，本书提出如下假设：

假设14：集体主义导向在转换型领导与组织情绪能力之间起调节作用。

假设14-1：集体主义导向在理想化影响与组织情绪能力之间起调节作用。

假设14-2：集体主义导向在精神鼓舞与组织情绪能力之间起调节作用。

假设14-3：集体主义导向在个别关怀与组织情绪能力之间起调节作用。

假设14-4：集体主义导向在才智启发与组织情绪能力之间起调节作用。

假设15：集体主义导向在交易型领导与组织情绪能力之间起调节作用。

4.3　本章小结

本章在文献综述和理论回顾的基础上，探讨了组织情绪能力在转换型领导风格、交易型领导风格与企业创新之间发挥的作用，以及集体主义导向在两种领导风格与组织情绪能力之间的调节效应，构建了理论模型框架，分析了转换型领导、交易型领导、组织情绪能力、组织创造力、探索式创新、利用式创新、集体主义导向之间的关系，并提出相应的研究假设，研究假设汇总见表4-1。

表4-1　　　　　　　　　　　研究假设汇总

序号	研究假设
假设1	转换型领导对组织创造力具有正向影响
假设1-1	精神鼓舞对组织创造力具有正向影响
假设1-2	理想化影响对组织创造力具有正向影响

续表

序号	研究假设
假设 1 – 3	个性化关怀对组织创造力具有正向影响
假设 1 – 4	才智启发对组织创造力具有正向影响
假设 2	交易型领导对组织创造力具有正向影响
假设 3	相对于交易型领导，转换型领导对组织创造力的正向影响作用更大
假设 4	转换型领导对探索式创新具有正向影响
假设 5	转换型领导对利用式创新具有正向影响
假设 6	交易型领导对探索式创新具有正向影响
假设 7	交易型领导对利用式创新具有正向影响
假设 8	组织情绪能力在转换型领导风格和探索式创新之间起中介作用
假设 9	组织情绪能力在转换型领导风格和利用式创新之间起中介作用
假设 10	组织情绪能力在转换型领导风格和组织创造力之间起中介作用
假设 11	组织情绪能力在交易型领导风格和探索式创新之间起中介作用
假设 12	组织情绪能力在交易型领导风格和利用式创新之间起中介作用
假设 13	组织情绪能力在交易型领导风格和组织创造力之间起中介作用
假设 14	集体主义导向在转换型领导与组织情绪能力之间起调节作用
假设 14 – 1	集体主义导向在理想化影响与组织情绪能力之间起调节作用
假设 14 – 2	集体主义导向在精神鼓舞与组织情绪能力之间起调节作用
假设 14 – 3	集体主义导向在个别关怀与组织情绪能力之间起调节作用
假设 14 – 4	集体主义导向在才智启发与组织情绪能力之间起调节作用
假设 15	集体主义导向在交易型领导与组织情绪能力之间起调节作用

注："H"代表"假设"。

第 5 章

问卷设计与数据分析

本章将对理论模型中涉及的转换型领导、交易型领导、组织情绪能力、组织创造力、探索式创新、利用式创新、集体主义导向等变量进行测量，通过预测试和深度访谈调整和修正测量量表，形成最终的测试问卷，以问卷调查的方式收集研究所需数据，本章将介绍调查对象及问卷收集的基本情况，并对数据进行初步的检验分析。

5.1 问卷设计

5.1.1 问卷调查方法

问卷调查法在管理学研究领域被广泛运用，它通过书面的形式和测量项目或问题，对个体行为偏好进行测定并收集数据的方法。本书所涉及的转换型领导风格、交易型领导风格、组织情绪能力、组织创造力、集体主义导向等变量都属于无法直接观测的潜变量，因此通过问卷调查法能更好地收集研究所需数据。问卷主要通过现场分发、邮寄和电子邮件等方式传递到调查对象手中，为了方便被调查者的咨询及疑问解答，每份问卷都附有调查负责人的联系方式。

调查问卷除了调查对象的基本信息和所在企业信息以外，其余测量题项均采用李克特（Likert）五点式量表，其中"1"表示完全不符合，"2"表示不符合，"3"表示差不多，"4"表示符合，"5"表示完全符合。

5.1.2　问卷设计过程

严格的问卷设计流程能够有效地提高测量问卷的信度和效度，问卷设计主要按照以下操作程序进行，首先要通过文献和相关人员访谈形成测量题项，其次要通过专家学者的讨论和专业检验，再次调查对象对问卷题项的措辞进行讨论和修改，最后通过预测试进一步修正，确定最终的调查问卷。本书中主要分四个步骤进行：

（1）明确变量概念及维度。

通过对汽车制造企业高层管理者及技术研发人员的深度访谈，确定研究的相关变量和基本框架，通过大量梳理已有国内外文献，整理转换型领导、组织情绪能力及创新的研究成果，明确界定本书涉及变量的概念和维度。

（2）确定变量测量题项。

由于对组织情绪能力、领导风格与创新三者关系的研究有限，国内尚无十分成熟的量表用以对变量进行准确测量，因此本书主要选取国外学者研究开发的、经过检验的成熟量表构成最初的调查问卷。

（3）小规模访谈修正问卷。

为确定调查问卷测量题项的合理性，避免问卷的潜在问题，在2016年4月到2016年10月期间共组织了四次小规模访谈。首次小规模专家访谈初步确定了问卷的语言表述和基本结构，第二次访谈的对象是从事汽车行业研发工作的主管和员工，通过交流对于测量变量个人理解和想法，对题项的设置进行了调整，第三次访谈主要是请几位从事技术研发创新的员工填写初步定稿的问卷，第四次访谈主要是小规模专家访谈，探讨经过修改后的问卷能否满足研究需要，对问卷进行微调，最终完善了调查问卷。

问卷的内容主要分为以下四部分：第一部分，是关于被试者个人背景信息调查。包括被调查者的性别、年龄、教育程度、所在单位的企业属性等；第二部分，对领导风格的测量，采用阿沃利奥和贝司（1991）编制的多因素领导问卷（MLQ），分为转换型领导风格和交易型领导风格两个部分，其中转换型领导风格共计 18 个题项，交易型领导风格共计 8 个题项；第三部分，对组织情绪能力的测量，主要采用爱科恩·哈利特（2009）编制的量表，共计 24 个测量题项，主要围绕鼓励、自由表达、环境氛围、情感体验、合作交流、身份认同和组织包容七个维度来设置问题并进行测量；第四部分主要围绕企业创新来设置问卷，针对组织创造力、个体创新、探索式/利用式创新三个部分进行测量。组织创造力采用李和崔（Lee & Choi，2003）编制的量表，共 5 个测量题项；探索式创新和利用式创新采用詹森（Jansen，2006）编制的量表，各有 7 个测量题项。问卷采用本研究的测量项目汇总见表 5 – 1。

表 5 – 1 问卷测量项目汇总

问卷部分	测量内容		备注
第一部分	背景资料		本部分内容作为分析背景，作为判断样本是否符合要求的参考
第二部分	领导风格	转换型	LX1 – LX6 理想化影响
			GW1 – GW6 精神鼓舞
			GH1 – GH6 个别关怀
			CZ1 – CZ6 才智启发
		交易型	JY1 – JY8

问卷部分	测量内容		备注
第三部分	组织情绪能力		MG1 – MG3 鼓励
			MZ1 – MZ3 自由表达
			MY1 – MY3 环境氛围
			MT1 – MT5 情感体验
			MH1 – MH3 合作交流
			MS1 – MS3 身份认同
			MB1 – MB3 组织包容
第四部分	企业创新	组织创造力	ZC1 – ZC5
		探索式创新	TS1 – TS7
		利用式创新	LY1 – LY7

5.2　变量测量

5.2.1　转换型领导风格和交易型领导风格的测量

本小节对转换型领导和交易型领导的测量工具采用阿沃利奥和贝司（1991）、贝司和阿沃利奥（1994）、贝司（1998）等研究者使用的多因素领导问卷（Multifactor Leadership Questionnaire，MLQ）。本小节采用理想化影响（6个题项）、精神鼓舞（6个题项）、个别关怀（6个题项）、才智启发（6个题项）四个维度构成转换型领导的测量问卷，交易型领导的初始量表共8个题项，采用李克特五点量表测量。见表5－2、表5－3。

表 5 – 2 　　　　　　　　　　　　　　转换型领导变量测量题项

变量测量维度	题项
理想化影响	LX1. 在我的主管身边工作，我感觉非常愉快
	LX2. 我的主管是我尊敬的领导
	LX3. 我的主管是值得我追随学习的典范
	LX4. 我完全相信我的主管有克服工作困难判断力和能力
	LX5. 能和我的主管一起共事，让我感到骄傲
	LX6. 我完全信任我的主管
精神鼓舞	GW1. 从我的主管那里，我感受到工作的使命感
	GW2. 我的主管能够激起我与他共同完成工作目标的动力
	GW3. 我的主管会利用各种方式来鼓励我
	GW4. 我的主管使我能体会到当前工作的终极目标和意义
	GW5. 我的主管拥有指点我当前思考方向的能力
	GW6. 我的主管能够促使我投入当前的工作任务
个别关怀	GH1. 我的主管对我的工作绩效设定较高的标准
	GH2. 当我感觉被忽视时，我的主管能适时给予我关心
	GH3. 我的主管能了解我的需要，并帮助我去获得它
	GH4. 当我圆满完成任务时，我的主管会适时地表达感激
	GH5. 我的主管愿意花时间来指导我的工作
	GH6. 我的主管待我像一个亲切的伙伴，而不仅是普通同事
才智启发	CZ1. 我的主管能在我困惑时给予我指导
	CZ2. 我的主管能激励我重新思考老问题
	CZ3. 我的主管能够帮助我用新的方法去思考老问题
	CZ4. 我的主管经常强调要提升个人能力
	CZ5. 我的主管强调要有充分的理由来支持提出的意见建议
	CZ6. 我的主管总是能以讲道理的方式改变我对问题的想法

资料来源：Avolio & Bass（1991）。

表 5-3   交易型领导变量测量题项

变量测量维度	题项
交易型领导	JY1. 我的主管在工作中给予我帮助和奖励，以使我努力工作
	JY2. 我的主管让每个人清楚完成目标会获得应有的奖励
	JY3. 当我到达预期目标时，我的主管会表示满意
	JY4. 我的主管会集中精力解决非常规、例外和偏差事件
	JY5. 我的主管只解决"不采取行动会形成长期问题"的问题
	JY6. 我的主管善于指导我反思失误，以明确今后努力方向
	JY7. 我的主管把所有精力放在解决员工的抱怨和失误上
	JY8. 我的主管很了解组织和员工的错误，以便纠正

资料来源：Avolio & Bass（1991）。

5.2.2 组织情绪能力的测量

本小节参考爱科恩·哈利特·凯斯金、约翰·伯恩（2009）等人文献中的测量工具，针对国内主要汽车制造行业的相关企业进行调研和访谈，在此基础上形成如下测量量表，具体题项及表述见表 5-4。

表 5-4   组织情绪能力变量测量题项

变量测量维度	题项（简写）
鼓励	MG1 我们企业有给员工希望的能力
	MG2 我的领导者注意激发员工热情
	MG3 我的领导者能为我带来希望
自由表达	MZ1 我们企业有使员工表露个人情绪的能力
	MZ2 在我们企业表达情绪不必担心批评
	MZ3 我们企业通过压制员工情绪维持秩序
环境氛围	MY1 我们企业鼓励创新并营造鼓励尝试的氛围
	MY2 我们企业容忍先行先试的人犯错
	MY3 我们企业形成安全包容的环境

续表

变量测量维度	题项（简写）
情感体验	MT1 企业内成员有感受他人情绪的能力
	MT2 我们企业员工对他人情绪表现一定反应
	MT3 我们企业员工之间会沟通情感
	MT4 我们企业员工能察觉情绪并解读背后信息
	MT5 我们企业员工之间相互关怀
合作交流	MH1 企业可使对立的人开展工作
	MH2 我们企业内不同群体情绪之间有沟通桥梁
	MH3 我们企业员工彼此间能体会心境
身份认同	MS1 我们企业员工对企业经营理念有认同感
	MS2 我们企业员工一起工作的原因是情感纽带
	MS3 我们企业员工对外会维护企业声誉
组织包容	MB1 我们企业能包容个性偏执的员工
	MB2 我们企业为个性独特的员工提供发展渠道
	MB3 我们企业能容忍员工的钻牛角尖行为

资料来源：Akgün Halit Keskin（2009）、John Byrne（2009）。

5.2.3　组织创造力的测量

在组织创造力的测量上，多数研究者采用达曼普尔（Damanpour，1996）划分的管理创新和技术创新两个维度进行测量，也有其他学者提出另外的划分方法，林义平（2007）强组织创新划分为组织、规划、领导、控制等五个方面进行界定，为了方便后续的实证研究，本小节采用李和崔（2003）提出的量表，将组织创新作为一个总体维度。具体测量题项见表5-5。

表 5 – 5   组织创造力变量测量题项

变量测量维度	题项（简写）
组织创造力	ZC1 我们企业有很多关于产品、服务的新想法
	ZC2 我们通过营造氛围促使产生创新想法
	ZC3 我们重视提出的新想法
	ZC4 我们致力于促进员工提出创新想法
	ZC5 我们花时间推动新想法的产生

资料来源：Lee & Choi（2003）。

5.2.4 探索式创新、利用式创新的测量

马彻（March，1991）在其关于组织学习能力的研究中，对探索式创新和利用式创新做出定义，认为探索式创新为"采用新方法的实验，而回报是不确定的，经常是消极的"，利用式创新是"对现有优势、技术和范式的精炼和扩展"。本小节对探索式创新和利用式创新的测量各 7 个题项，测量条目见表 5 – 6、表 5 – 7。

表 5 – 6   探索式创新变量测量题项

变量测量维度	题项（简写）
探索式创新	TS1 我们接受超越现有产品的市场需求
	TS2 我们开发新的产品和服务
	TS3 我们在本地市场试销新产品和服务
	TS4 我们将全新产品、服务投入市场
	TS5 我们经常利用新市场的新机遇
	TS6 我们使用新的分销渠道
	TS7 我们寻找新客户

资料来源：Jansen（2006）。

表 5 – 7　　　　　　　　　　　**利用式创新变量测量题项**

变量测量维度	题项（简写）
利用式创新	LY1 我们经常改善产品和服务
	LY2 我们经常对现有产品和服务实施小改进
	LY3 我们不断改进本地市场的产品和服务
	LY4 我提高生产效率和服务水平
	LY5 我们提高了产品市场份额
	LY6 我们提供延伸服务
	LY7 我们保持低成本的内部运作

资料来源：Jansen（2006）。

5.2.5　集体主义的测量

特伦迪斯（Traindis，1995）对集体主义和个人主义的维度进行了深入的讨论，并给出了垂直和水平两大维度四个构面，本书中我们采用多夫曼和豪厄尔（Dorfman & Howell，1988）编制的量表，共 5 个测量题项，将集体主义作为一个总体维度考虑。见表 5 – 8。

表 5 – 8　　　　　　　　　　　**集体主义变量测量题项**

变量测量维度	题项（简写）
集体主义	CM1 群体成功要比个人成功更重要
	CM2 被你的工作群成员接受是非常重要的
	CM3 员工应先考虑群体利益，再追求个人利益
	CM4 即使个人目标受损害，管理者也应鼓励群体忠诚
	CM5 为了使群体成功，应该放弃个人目标

资料来源：Dorfman & Howell（1988）。

5.3　问卷修正

5.3.1　小规模访谈

访谈调查是研究人员获取原始资料的重要方法，问卷编制过程中访谈的目的主要在于：第一，通过对企业高层管理者的访谈，了解企业中领导风格、企业创新内容；第二，考察不同领导风格对企业创新的影响作用是否存在差异，以验证本研究提出的领导风格通过组织情绪能力影响企业创新的构思；第三，通过对从事技术研发及创新工作的员工访谈，确认编制问卷中的题目是否适用。本书在文献分析的基础上，对汽车制造相关企业的技术研发人员及专家学者进行了小规模访谈，以完成问卷的初步设计，提高问卷的质量。

本书的访谈于 2016 年 4 月初开始，10 月初结束，基于笔者所在汽车制造企业的便利性，通过对兄弟企业的沟通和筛选，最终选取了汽车制造企业中从事产品创新和技术研发的项目/部门主管和研发人员作为访谈对象，并在访谈前对被调研企业的基本情况做了充分准备和考察。为保证被访者能够在轻松的状态下安心作答，会对访谈的学术研究目的做提前声明，并在访谈开始前让被访者提前获取访谈提纲并做充分准备，正式访谈的时间控制在每人 20～40 分钟，在访谈过程中会根据实际情况对内容做部分调整。访谈中要注意访谈技巧的使用，如通过让被访者回忆具体的情感时间表述自身的情绪感受和认知，以便于寻找关于心理层面和情绪感知方面的信息，还能充分调动被访者参与调研的积极性。

访谈的主要内容包括：访谈对象的个人基本情况，包括职位、学历、年龄、工作时间、企业规模等基本情况。以及日常工作压力如何？

部门的创新环境如何？企业相关的激励措施？同事之间的沟通相处如何？部门里是否存在一些性格比较偏执的员工？一般如何安排他们的工作？有哪些因素会影响工作情绪？一般如何处理工作情绪？主管领导是否会关注部门内的工作情绪？在研发过程中，是否出现过失败的事例？企业对于"失败"是如何处理的？是包容还是惩罚等一系列与研究主题相关的问题。

此次访谈对测量问卷的语言表述及整体结构进行了调整和讨论，经过整合专家意见及企业访谈结果，对调查问卷做了进一步处理：将"我们企业通过压制员工情感、情绪来维持内部秩序"改为"我们企业不会通过压制员工情感、情绪来维持内部秩序"；将"我们企业有调节情绪的能力"改为"我们企业有能力调节和疏导组织内部的负面情绪"；将"在对外工作中，员工一般会主动维护企业的声誉"改为"员工对外会主动维护组织的声誉"。在员工访谈过程中，多名技术创新工作者提到企业内对于技术人员给予的专门晋升通道及开放包容的工作环境，因此，在专家讨论后，决定增加组织包容维度，下设 3 个测量题项：MB1 我们企业对个性偏执的研发人员有较强的包容性；MB2 我们企业对性格独特的员工，能给予相应的发展通道；MB3 我们企业能够容忍员工有钻牛角尖的行为。经过针对研发人员的深度访谈和几轮专家学者的反复讨论和分析，初步确定和改进了调查问卷。

5.3.2 问卷预测试

5.3.2.1 预测试样本特征分布

预测试以简单随机抽样的方式进行，选取了 7 家汽车制造企业的研发部门进行调查，共发放 140 份，每家企业发放 20 份问卷，收回 123 份，回收率 87.8%，有效问卷 119 份，样本有效率 85%，样本的人口统计学特征分布见表 5-9。

表 5 – 9　　　　　　　　　　　　个人样本特征分布统计

个人样本特征	特征分布	频次	百分比（%）	累积百分比（%）
性别	男	95	79.8	79.8
	女	24	20.2	100.0
最高学历	高中	0	0	0
	大专	4	3.4	3.4
	本科	81	68.1	71.4
	研究生	34	28.6	100.0
工作年限	1～2 年	11	9.2	25.0
	3～5 年	32	26.9	36.1
	6～10 年	43	36.1	72.3
	10 年以上	33	27.7	100.0
年龄	小于 25 岁	4	3.4	3.4
	26～35 岁	79	66.4	69.8
	36～45 岁	27	22.7	92.4
	46～60 岁	9	7.6	100.0
级别	高层	3	2.5	2.5
	中层	6	5.0	7.5
	基层	110	92.4	100.0
公司属性	国有企业	92	81.5	81.5
	民营企业	12	10.0	91.5
	三资企业	10	8.5	100.0

注：N = 140。

5.3.2.2　预测试问卷的信度和效度分析

信度（reliability）即可靠性，指测量工具的可信性，通过检验测量量表的内部一致性来判断。本小节采用 Cronbach's α 内部一致性系数进行信度检验。若 Cronbach's α 内部一致性值均大于 0.7 方可保留，若小于 0.7 则应考虑是否删除该题项。

效度（validity）即有效性，指一个量表能测量其所需测量的特质的程度，一般包括结构效度和内容效度。在研究中一般采用因子分析和结构方程的方法检验测量量表的收敛效度和区分效度满足结构效度的标准，内容效度是指逻辑上和内容表述上能够反映所需测量的变量。本小节使用的量表是在国外学者的文献基础上通过专业人员翻译后使用，或对已有量表结合访谈结果进行修订后使用的，在此过程中会通过专家学者的反复讨论研究不断修正测量量表中的问题，确保测量量表的内容效度达标。

收敛效度的测量主要用以剔除无作用的测量题项，精华测量工具，提高测量量表的解释能力。本研究主要通过纠正项目的总相关系数（CITC）来判断是否删除该测量题项，一般对于 CITC 值小于 0.5 的测量项目应予以剔除。

区分效度的评价方法主要是通过探索性因子分析检验因子载荷情况是否符合检验依据，对于是否删除测量题项的判断依据主要有以下几点：第一，只包含一个测量题项的因子应该予以删除；第二，测量题项所在因子载荷小于 0.5 时应该予以删除；第三，若该测量题项在两个或多个因子上的因子载荷均大于 0.5，说明该题项在因子上有交叉载荷，不能明确的代表某个因子，应删除此测量题项。问卷预测试的过程中，首先对每个测量题项的 CITC 值进行检验，通过删除 CITC 值小于 0.5 的题项以保证测量效度；其次对修改后的量表进行探索性因子分析，根据检验结果确定因子结构，最后进行内部一致性信度检验。

5.3.2.3 预测试的收敛效度

本小节采用 CITC 法对转换型领导、交易型领导、组织情绪能力、集体主义、组织创造力、探索式创新、利用式创新各维度测量题项的收敛效度进行评价。

由表 5 - 10 可知，转换型领导测量量表的总体 Cronbach's α 系数为 0.971，其中才智启发维度和精神鼓舞维度的测量题项全部通过 CITC 检验，理想化影响维度的第 5 题、第 6 题的 CITC 值小于 0.5，应予以删除，个别关怀维度的第 1 题、第 4 题的 CITC 值小于 0.5，应该予以删除。

表 5 – 10 转换型领导测量量表的收敛效度

维度	题项	CITC 值	项目删除后 α 值	α 值	备注
理想化影响	LX1	0.666	0.860	0.885	保留
	LX2	0.723	0.900		保留
	LX3	0.737	0.859		保留
	LX4	0.713	0.860		保留
	LX5	0.481	0.929		删除
	LX6	0.492	0.915		删除
精神鼓舞	GW1	0.764	0.959	0.920	保留
	GW2	0.765	0.959		保留
	GW3	0.736	0.959		保留
	GW4	0.770	0.959		保留
	GW5	0.729	0.960		保留
	GW6	0.723	0.960		保留
个别关怀	GH1	0.490	0.960	0.877	删除
	GH2	0.720	0.950		保留
	GH3	0.734	0.945		保留
	GH4	0.498	0.960		删除
	GH5	0.693	0.935		保留
	GH6	0.707	0.935		保留
才智启发	CZ1	0.787	0.959	0.909	保留
	CZ2	0.765	0.959		保留
	CZ3	0.777	0.959		保留
	CZ4	0.687	0.960		保留
	CZ5	0.703	0.960		保留
	CZ6	0.714	0.960		保留

由表 5 – 11 可知，交易型领导测量量表的 Cronbach's α 系数为 0.858，测量题项全部通过 CITC 检验。

表 5 - 11 　　　　　　　　　交易型领导测量量表的收敛效度

维度	题项	CITC 值	项目删除后 α 值	α 值	备注
交易型领导	JY1	0.633	0.851		保留
	JY2	0.725	0.840		保留
	JY3	0.642	0.851		保留
	JY4	0.646	0.849	0.858	保留
	JY5	0.518	0.866		保留
	JY6	0.630	0.851		保留
	JY7	0.513	0.869		保留
	JY8	0.777	0.835		保留

由表 5 - 12 的分析结果可知，组织情绪能力测量量表的总体 Cronbach's α 系数为 0.966，具有很高的内部一致性，其中情感体验、鼓励、自由表达、组织包容、身份识别的测量题项全部通过 CITC 检验，合作交流维度第 3 题（MH3）的 CITC 值为 0.495，未通过 CITC 检验，且项目删除后的 α 值为 0.950，高于合作交流维度的 α 值 0.864，该测量题项应予以删除；环境氛围维度第 1 题（MY1）的 CITC 值为 0.479，未通过 CITC 检验，项目删除后的 α 值为 0.808，高于环境氛围维度的总体 α 值 0.794，该题项应予以删除。

表 5 - 12 　　　　　　　　组织情绪能力测量量表的收敛效度

维度	题项	CITC 值	项目删除后 α 值	α 值	备注
情感体验	MT1	0.757	0.956		保留
	MT2	0.667	0.957		保留
	MT3	0.748	0.956	0.885	保留
	MT4	0.687	0.957		保留
	MT5	0.730	0.957		保留
鼓励	MG1	0.715	0.957		保留
	MG2	0.726	0.957	0.892	保留
	MG3	0.751	0.956		保留

续表

维度	题项	CITC 值	项目删除后 α 值	α 值	备注
自由表达	MZ1	0.761	0.956		保留
	MZ2	0.711	0.957	0.893	保留
	MZ3	0.718	0.957		保留
	MZ4	0.796	0.956		保留
组织包容	MB1	0.681	0.957		保留
	MB2	0.730	0.956	0.844	保留
	MB3	0.599	0.958		保留
环境氛围	MY1	0.479	0.808		删除
	MY2	0.499	0.798	0.794	删除
	MY3	0.656	0.697		保留
身份认同	MS1	0.764	0.956		保留
	MS2	0.733	0.956	0.823	保留
	MS3	0.617	0.958		保留
合作交流	MH1	0.712	0.857		保留
	MH2	0.772	0.856	0.864	保留
	MH3	0.495	0.950		删除

由表 5-13 可知,组织创造力测量量表的总体信度 α 值为 0.936,具有很高的信度。该量表的测量题项全部通过 CITC 检验。

表 5-13　　　　组织创造力测量量表的收敛效度

维度	题项	CITC 值	项目删除后 α 值	α 值	备注
组织创造力	ZC1	0.798	0.927		保留
	ZC2	0.845	0.918		保留
	ZC3	0.838	0.920	0.936	保留
	ZC4	0.822	0.923		保留
	ZC5	0.843	0.918		保留

探索式创新测量量表的总体信度 α 值为 0.909，该量表具有很高的
信度。量表的测量题项全部通过 CITC 检验。各测量题项的 α 值检验结
果见表 5 – 14。

表 5 – 14　　　　　　　探索式创新测量量表的收敛效度

维度	题项	CITC 值	项目删除后 α 值	α 值	备注
探索式创新	TS1	0.702	0.898	0.909	保留
	TS2	0.690	0.900		保留
	TS3	0.624	0.906		保留
	TS4	0.742	0.893		保留
	TS5	0.810	0.886		保留
	TS6	0.739	0.894		保留
	TS7	0.785	0.888		保留

利用式创新测量量表的总体信度 α 值为 0.902，该量表具有很高的
信度，且量表的测量题项经过 CITC 检验全部保留。各测量题项的 α 值
检验结果见表 5 – 15。

表 5 – 15　　　　　　　利用式创新测量量表的收敛效度

维度	题项	CITC 值	项目删除后 α 值	α 值	备注
利用式创新	LY1	0.767	0.881	0.902	保留
	LY2	0.769	0.881		保留
	LY3	0.782	0.880		保留
	LY4	0.749	0.884		保留
	LY5	0.728	0.886		保留
	LY6	0.756	0.883		保留
	LY7	0.454	0.916		保留

集体主义测量量表的总体信度 α 值为 0.810，该量表具有很高的信

度，且量表的测量题项经过 CITC 检验全部保留。各测量题项的 α 值检验结果见表 5 – 16。

表 5 – 16　　　　　　　集体主义测量量表的收敛效度

维度	题项	CITC 值	项目删除后 α 值	α 值	备注
集体主义	CM1	0.584	0.754		保留
	CM2	0.587	0.757		保留
	CM3	0.669	0.720	0.810	保留
	CM4	0.657	0.709		保留
	CM5	0.571	0.775		保留

5.3.2.4　预测试的区分效度

本小节采用探索性因子分析对测量量表的区分效度进行检验，一般在开始探索性因子分析之前会先对预测试样本数据进行巴特利特球体检验和 KMO 测度，其判定标准为：巴特利特球体检验统计显著性概率小于等于显著性水平，KMO 值越接近 1，越适合做因子分析：KMO 在 0.9 以上，非常合适；0.8 ~ 0.9，很合适；0.7 ~ 0.8，合适；0.5 ~ 0.7，不太合适；0.5 以下不能接受。

（1）转换型领导测量量表的探索性因子分析。

首先对转换型领导风格的测量题项进行探索性因子分析，删除不符合要求的题项。转换型领导预测试样本的 KMO 值为 0.957，巴特利特球体检验卡方值为 2346.067，显著性为 0.000，表明预测试样本数据适合做因子分析。经过探索性因子分析，共提取了 4 个公因子，累计方差贡献率 78.856%，旋转后的因子载荷见表 5 – 17。

表 5 – 17　　　　　　　转换型领导量表探索性因子分析

题项编码	1	2	3	4
GW3	0.754	0.323	0.224	0.243
GW4	0.753	0.381	0.215	0.237

续表

题项编码	1	2	3	4
GW1	0.701	0.157	0.335	0.408
GW2	0.677	0.204	0.290	0.445
GW5	0.639	0.252	0.389	0.260
GW6	0.579	0.308	0.409	0.218
GH2	0.374	0.787	0.176	0.198
GH3	0.352	0.751	0.257	0.197
GH5	0.148	0.665	0.412	0.301
GH6	0.214	0.597	0.434	0.298
CZ1	0.224	0.506	0.539	0.314
CZ5	0.276	0.178	0.743	0.280
CZ4	0.352	0.263	0.731	0.115
CZ2	0.428	0.378	0.593	0.195
CZ6	0.196	0.469	0.577	0.297
CZ3	0.447	0.393	0.576	0.197
LX2	0.255	0.285	0.271	0.785
LX3	0.307	0.299	0.273	0.754
LX1	0.333	0.464	0.033	0.673
LX4	0.478	0.066	0.374	0.637

由表可知，各测量条款在相应维度上的因子载荷都大于0.5，在其他因子上的载荷都小于0.5，CZ1题项在2因子上的载荷为0.506，3因子上的载荷为0.539，两个因子上的载荷都大于0.5，但在3上载荷更大，根据理论基础及研究构念，将CZ1划入才智启发因子。转换型领导因子结构总体较为清晰，与研究构思中关于转换型领导的维度划分基本吻合。

（2）交易型领导测量量表的探索性因子分析。

交易型领导预测试样本的KMO值为0.851，巴特利特球体检验卡方值为485.064，显著性为0.000。经过探索性因子分析，共提取了1个公因子，累计方差贡献率53.438%，因子载荷见表5-18。

表5-18 交易型领导量表的探索性因子分析

	题项编码	因子1
交易型领导	JY8	0.876
	JY2	0.831
	JY3	0.784
	JY1	0.767
	JY6	0.763
	JY4	0.733
	JY5	0.509
	JY7	0.505

由表可知，测量条款在相应维度上的因子载荷都大于0.5，因子结构总体较为清晰，与研究构思中关于交易型领导的维度划分基本吻合。

（3）组织情绪能力量表的探索性因子分析。

组织情绪能力预测试样本的KMO值为0.934，巴特利特球体检验的卡方值为1765.135，显著性为0.000，表明预测试样本数据满足做因子分析的前提条件。本研究采用主成分分析法决定因子载荷，按照特征值大于1选取因子，通过最大方差法旋转后共抽取了3个公因子，但此次分析后提取的3个公因子所包含的题项过于分散，与最初的理论假设与研究构思不相符。在统计分析中，常会遇到这种情况，通常由计算机自动抽取因子数量，但是如果在编制量表题项时已经确定量表的维度数目，那么在统计分析时，可以根据文献和理论限定抽取的因子数目，因此，本小节固定抽取7个因子，而不选取Kaiser准则按照特征值大于1抽取，经过探索性因子分析，累计方差贡献率78.908%，旋转后的因子载荷见表5-19。

表 5 – 19　　　　　　　　　组织情绪能力量表探索性因子分析

题项编码	1	2	3	4	5	6	7
MG2	0.816	0.229	0.189	0.207	0.196	0.107	0.117
MG1	0.800	0.172	0.210	0.112	0.225	0.198	0.174
MG3	0.736	0.168	0.216	0.284	0.158	0.249	0.150
MT2	0.163	0.702	0.229	0.124	0.303	0.251	0.071
MT3	0.213	0.675	0.241	0.321	0.157	0.212	0.197
MT5	0.214	0.603	0.163	0.457	0.128	0.069	0.327
MT1	0.298	0.597	0.323	0.321	0.242	0.206	0.022
MT4	0.192	0.580	0.164	0.005	0.298	0.558	0.100
MB1	0.147	0.183	0.835	0.121	0.159	0.190	0.004
MB2	0.209	0.227	0.717	0.112	0.242	0.132	0.328
MB3	0.308	0.231	0.693	0.192	0.185	0.175	0.209
MZ1	0.327	0.344	0.194	0.655	0.205	0.176	0.092
MZ2	0.185	0.210	0.125	0.624	0.529	0.180	0.129
MZ3	0.255	0.184	0.231	0.516	0.135	0.471	0.347
MZ4	0.422	0.257	0.174	0.574	0.447	0.158	0.167
MH1	0.190	0.288	0.293	0.202	0.756	0.147	0.044
MH2	0.298	0.219	0.216	0.167	0.750	0.201	0.166
MS1	0.242	0.270	0.306	0.223	0.208	0.693	0.083
MS2	0.325	0.338	0.252	0.339	0.242	0.589	0.134
MS3	0.353	0.288	0.181	0.448	0.109	0.583	0.303
MY3	0.255	0.179	0.225	0.191	0.144	0.153	0.830

　　由表可知，各测量条款在相应维度上的因子载荷都大于 0.5，在其他因子上的载荷都小于 0.5，MY3 题项因子载荷为 0.830，独立成为一个因子，根据删选标准可以删除 MY3，最终得到组织情绪能力的六因子

量表。因子1包括MG1、MG2、MG3三个题项，命名为"鼓励"，因子2包括MT1、MT2、MT3、MT4、MT5五个题项，命名为"情感体验"，因子3包括MB1、MB2、MB3三个题项，命名为"组织包容"，因子4包括MZ1、MZ2、MZ3、MZ4四个题项，命名为"自由表达"，因子5包括MH1、MH2两个题项，命名为"合作交流"，因子6包括MS1、MS2、MS3三个题项，命名为"身份认同"。

（4）集体主义的探索性因子分析。

集体主义预测试样本的KMO值为0.715，巴特利特球体检验卡方值为216.576，显著性为0.000，经过探索性因子分析，共提取了1个公因子，累计方差贡献率55.074%，因子载荷见表5-20。

表5-20　　　　　　　　集体主义量表的探索性因子分析

	题项编码	因子1
集体主义	CM4	0.800
	CM1	0.795
	CM3	0.790
	CM2	0.779
	CM5	0.599

由表可知，测量条款在对应维度上的因子载荷都大于0.5，因子结构总体较为清晰。

（5）组织创造力的探索性因子分析。

组织创造力预测试样本的KMO值为0.858，巴特利特球体检验卡方值为440.833，显著性为0.000，经过探索性因子分析，按照特征值大于1，共提取了1个公因子，累计方差贡献率76.056%，因子载荷见表5-21。

表 5 – 21   **组织创造力量表的探索性因子分析**

	题项编码	因子 1
	ZC5	0.897
	ZC3	0.886
组织创造力	ZC4	0.873
	ZC2	0.872
	ZC1	0.831

由表可知，测量条款在相应维度上的因子载荷都大于 0.5，因子结构总体清晰。

（6）探索式创新的探索性因子分析。

探索式创新预测试样本的 KMO 值为 0.887，巴特利特球体检验卡方值为 534.638，显著性为 0.000，经过探索性因子分析，按照特征值大于 1，共提取了 1 个公因子，累计方差贡献率 66.676%，因子载荷见表 5 – 22。

表 5 – 22   **探索式创新量表的探索性因子分析**

	题项编码	因子 1
	TS7	0.844
	TS5	0.841
	TS1	0.823
探索式创新	TS4	0.818
	TS6	0.817
	TS3	0.807
	TS2	0.764

由表可知，测量条款在相应维度上的因子载荷都大于 0.5，因子结构总体清晰。

（7）利用式创新的探索性因子分析。

利用式创新预测试样本的 KMO 值为 0.885，巴特利特球体检验卡方值为 486.079，显著性为 0.000，经过探索性因子分析，按照特征值大于 1，共提取了 1 个公因子，累计方差贡献率 60.917%，因子载荷见表 5 - 23。

表 5 - 23   **利用式创新量表的探索性因子分析**

	题项编码	因子 1
	LY6	0.882
	LY3	0.867
	LY4	0.855
利用式创新	LY5	0.847
	LY2	0.833
	LY1	0.763
	LY7	0.694

由表可知，测量条款在相应维度上的因子载荷都大于 0.5，因子结构总体清晰。

5.3.2.5 预测试的信度分析

由表 5 - 24 可知，信度检验结果显示，修正后所有变量及维度的内部一致性系数均大于 0.7，说明通过上述专家及员工访谈和预测试的调整后测量量表信度良好。修正后的转换型领导、交易型领导、组织情绪能力、集体主义、组织创造力、探索式创新、利用式创新变量的测量是可以接受的。

表 5 - 24   **预测试 Cronbach's α 信度系数表**

各量表及维度名称	项目数	Cronbach's α 系数
转换型领导	20	0.973
理想化影响	4	0.906

续表

各量表及维度名称	项目数	Cronbach's α 系数
精神鼓舞	6	0.939
个别关怀	4	0.907
才智启发	6	0.921
交易型领导	8	0.858
集体主义	5	0.810
组织情绪能力	20	0.954
情感体验	5	0.854
鼓励	3	0.875
自由表达	4	0.860
合作交流	2	0.803
身份识别	3	0.762
组织包容	3	0.847
组织创造力	5	0.936
探索式创新	7	0.909
利用式创新	7	0.902

5.4 问卷数据收集

5.4.1 数据收集与处理

本书的调查对象企业涉及国内东部和中西部的汽车制造行业相关企业，主要通过问卷调查形式收集数据，调查内容主要包括被访者个人信息及所在企业属性、领导风格、组织情绪能力、组织创造力、企业创新、集体主义等几个方面。

在调查对象的选取上，为了保证样本数据的广泛性和代表性，本书主要选择汽车制造行业及相关供应链企业，被调查者所从事的工作必须是与技术研发和产品创新相关的企业员工，以保证调查结果能够真实反映领导风格、组织情绪能力与企业创新之间的关系。对于纸质调查问卷的发放，一是利用汽车行业 HRD 会议的机会，向一汽、东风、广汽、江淮汽车、东南汽车等十余家汽车制造企业的技术研发部门发放和回收问卷；二是运用中国重汽集团的相关资源，通过集团采购部筛选了近三十家供应商，分析了企业的背景及主要业务领域之后，有针对性地选择了十五家企业发放问卷。问卷发放从 2016 年 7 月开始，至 2016 年 10 月全部回收。共向相关企业发放问卷 625 份，回收问卷 563 份，有效问卷469 份。问卷总体回收率为 90%，其中有效样本回收率为 83.3%，回收情况理想，相关问卷回收情况见表 5 – 25。

表 5 – 25　　　　　　　　　　问卷回收情况统计

问卷发放总数 625 份，回收 563 份			总计
	有效样本	无效样本	
回收样本数	469	94	563
回收比例	83.3%	16.7%	100%

5.4.2　样本特征分布

本次调查对象企业主要分布在长春、上海、济南、广州、西安、十堰、沈阳、杭州等地，本次调查单位主要是国内汽车制造企业的技术研发中心或汽车零部件的生产制造企业，主要涉及中国重汽、上海一汽、长春一汽、长安汽车、东风汽车、三角轮胎、采埃孚转向机、威伯科汽车控制系统、雷帕德弹簧等企业。在调研过程中，笔者发现从事研发创新工作的员工中男性员工占大多数，达到 73.4%，这与员工的工科出身背景有关；年龄层次上，青壮年（25～35 岁）占大多数（71.1%）；在受教育程度上，本科和研究生居多，比例分别为 61.7% 和 29.5%；任职年限上，

3~5年、6~10年和10年以上分布较平均，由于被调研企业多为较成熟的大型企业，在选用员工时多选用具有一定工作经验的研发人员，所以工作年限在1~2年较少，只占12.9%；在级别上，以基层为主，占88.4%，其次为中层，占10.1%。从以上信息可见，从事研发创新的员工以中基层、高学历的中青年人为主。在企业所有制方面，本书发现国有企业占58.7%，民营企业占16.3%，三资企业占25%，见表5-26。

表5-26　　　　　　　　　个人样本特征分布统计

个人样本特征	特征分布	频次	百分比（%）	累积百分比（%）
性别	男	391	73.4	73.4
	女	142	26.6	100.0
最高学历	高中	7	1.3	5.7
	大专	40	7.5	8.8
	本科	329	61.7	70.5
	研究生	157	29.5	100.0
工作年限	1~2年	69	12.9	25.0
	3~5年	140	26.3	39.2
	6~10年	192	36	75.2
	10年以上	132	24.8	100.0
年龄	小于25岁	21	3.9	3.9
	25~35岁	379	71.1	75.0
	35~45岁	107	20.1	95.1
	45~60岁	26	4.9	100.0
级别	高层	8	1.5	1.5
	中层	54	10.1	11.6
	基层	471	88.4	100.0
公司属性	国有企业	313	58.7	58.7
	民营企业	87	16.3	75.0
	三资企业	133	25.0	100.0

注：N=533。

5.5　量表检验分析

5.5.1　量表的效度检验

效度是指样本数据的有效性，量表效度的检验一般采用因子分析法从数据中分析基本结构，然后对量表的结构构思进行相应分析。

本书运用 SPSS 23.0 统计分析软件，对各量表进行探索性因子分析，以抽取共同因子，用较少的构念代表原本复杂的数据结构。一般通过 KMO（Kaiser – Meyer – Olkin）取样充足性检验和巴特利特球体检验进行探索性因子分析之前的前期检验分析，判断标准为：KMO 越接近 1，越适合因子分析，一般认为，KMO 在 0.9 以上，非常适合；0.8 ~ 0.9，很适合；0.7 ~ 0.8，适合；0.6 ~ 0.7，不太适合；0.5 ~ 0.6，很勉强；0.5 以下，不适合（吴明隆，2010）；巴特利特球体检验小于 1% 说明数据具有显著相关性。探索性因子分析过程中，本书采用主成分分析法和最大方差法旋转来求得公共因子，提取因子的累积方差贡献率不低于 50%，以因子载荷是否小于 0.5 作为测量题项的取舍标准。

首先对组织情绪能力的测量量表进行探索性因子分析，以检验组织情绪能力量表的结构效度。经分析，组织情绪能力量表的 KMO 值为 0.959，巴特利特球体检验显著性水平小于 0.001，满足进行因子分析的条件。检验结果见表 5 – 27。

运用主成分分析法和最大方差法，按照特征值大于 1 提取因子，最后提取了三个因子，累计方差贡献率 65%；按照固定提取六因子，累计方差贡献率 77.8%，因子载荷矩阵见表 5 – 28。

表 5 – 27　　　　　　　组织情绪能力量表 KMO 和巴特利特球体检验

Kaiser – Meyer – Olkin 取样充足性检验		0.959
Bartlett 的球形度检验	近似卡方	7013.429
	df	190
	Sig.	0.000

表 5 – 28　　　　　　　　　组织情绪能力量表因子分析

题项编码	情感体验	鼓励	自由表达	组织包容	身份认同	合作交流
MT2	0.745					
MT1	0.661					
MT4	0.653					
MT3	0.645					
MT5	0.529					
MG2		0.813				
MG1		0.783				
MG3		0.696				
MZ2			0.779			
MZ3			0.731			
MZ1			0.661			
MZ4			0.593			
MB3				0.805		
MB1				0.744		
MB2				0.641		
MS3					0.784	
MS2					0.555	
MS1					0.501	
MH1						0.724
MH2						0.579

本书运用 AMOS22.0 统计分析软件采用结构方程方法对所收集样本

数据进行验证性因子分析，以检验假设模型是否得到实证结果支持，为清晰的现实假设模型的优良拟合程度，检验中会提出与基本模型有一定理论联系的备择模型以进行比较分析，根据结果以选择最优模型。组织情绪能力的表 5 – 29 备择模型 1 为单因子模型，即将组织情绪能力作为单一整体构思来探讨，备择表 5 – 29 模型 2 为五因子模型。在进行模型契合度比较时，主要看 x^2/df、RMSEA、RMR、GFI 四个绝对拟合指数，参考 NFI、TLI、IFI、CFI 等几个相对拟合指数。x^2/df 一般要求小于 4，且越小越好；RMSEA 小于 0.08 在可接受范围内；RMR 小于 0.05，且越小越好；GFI 要求越大越好；NFI、TLI、IFI、CFI 等几个相对拟合指数大于 0.9 以上则拟合优良。各模型的拟合指数见表 5 – 29。

表 5 – 29　　　　　　　　　　组织情绪能力结构模型拟合指标比较

模型	x^2	RMR	RMSEA	GFI	AGFI	NFI	TLI	RFI	IFI	CFI	x^2/df
基本模型 （六因子模型）	465.640	0.023	0.065	0.908	0.875	0.935	0.945	0.920	0.955	0.955	3.004
备择模型 1 （单因子模型）	1196.591	0.040	0.113	0.772	0.718	0.832	0.835	0.812	0.852	0.852	7.039
备择模型 2 （五因子模型）	789.955	0.037	0.092	0.849	0.802	0.889	0.892	0.868	0.910	0.909	4.937

从表 5 – 29 可知，六因子基本模型各项拟合指标均达到理想水平。单因子模型和五因子模型的各项指标明显劣于四因子模型，其中 x^2 和 x^2/df 的值均大于参考值，六因子模型的 RMSEA 值为 0.065，小于 0.08 的参考值，RMR 值为 0.023，在三个模型中最优。GFI 值为 0.908，NFI 值为 0.935，TLI 值为 0.945，RFI 值为 0.920，IFI 值为 0.955，均大于参考标准 0.9，这也说明，组织情绪能力的六因子模型不论是相对拟合指数还是绝对拟合指数都非常理想，组织情绪能力可划分为情感体验、鼓励、自由表达、组织包容、合作交流、身份认同六个一阶因素。因此，

本书的组织情绪能力问卷具有良好的结构效度。其结构模型如图 5 - 1、图 5 - 2、图 5 - 3 所示。

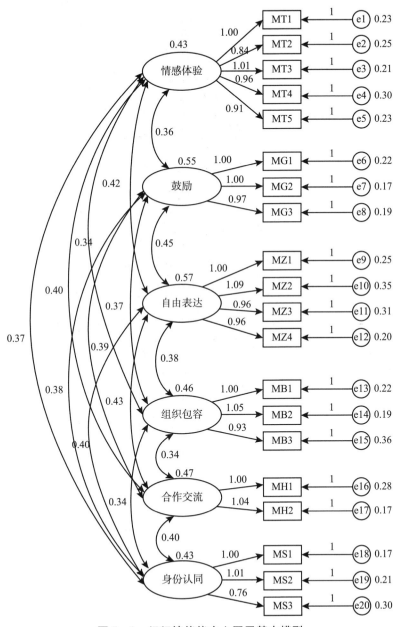

图 5 - 1 组织情绪能力六因子基本模型

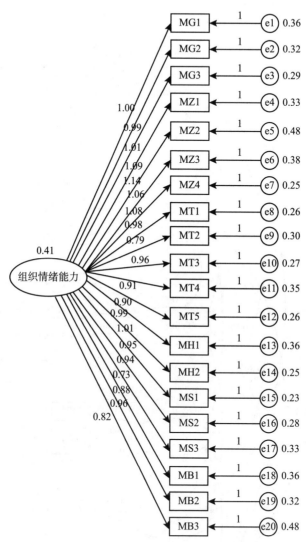

图 5 - 2   组织情绪能力单因子备择模型

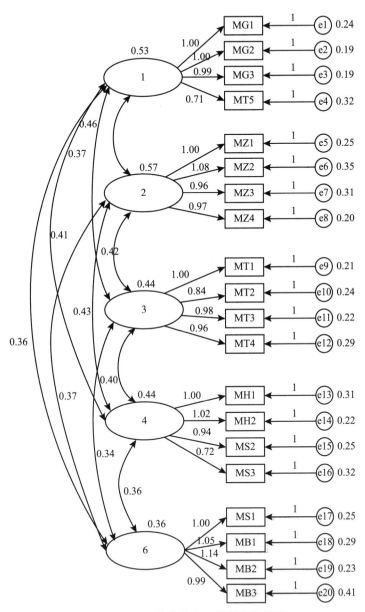

图 5-3　组织情绪能力五因子备择模型

在对转换型领导测量量表进行探索性因子分析之前，首先进行 KMO 测度和巴特利特球体检验，见表 5 - 30。

表 5 - 30　　　　转换型领导量表 KMO 和巴特利特球体的检验

Kaiser – Meyer – Olkin 取样充足性检验		0.963
Bartlett 的球形度检验	近似卡方	7048.775
	df	190
	Sig.	0.000

结果显示 KMO 值为 0.963，巴特利特球体检验结果为 0.000，满足做因子分析的先决条件，因此可运用主成分分析法进行探索性因子分析，按照特征值大于 1 的原则抽取因子，经最大方差法旋转后发现有交叉载荷，只析出两个因子，累积贡献率 68.9%，其中 LX1 公因子方差仅提取了 0.48。又按照特征值大于 0.5 抽取因子，累积贡献率达到 80%，但析出六因子，与理论模型不符。最后，根据理论模型的结构维度，强制提取四个因子，其中 CZ1 在第二因子（个别关怀）和第三因子（才智启发）上的载荷分别为 0.598 和 0.523，根据 CZ1 题意：我的主管能在我困惑时给予我指导，可以并入第三因子（才智启发），累积贡献率 71.8%。最终得到如下四因子结构模型见表 5 - 31。根据测量题项将四个因子命名为精神鼓舞、个别关怀、才智启发、理想化影响。四因子与研究假设的转换型领导风格构思是一致的。

表 5 - 31　　　　　　　　转换型领导量表因子分析

题项编码	精神鼓舞	个别关怀	才智启发	理想化影响
GW3	0.769			
GW4	0.762			

续表

题项编码	精神鼓舞	个别关怀	才智启发	理想化影响
GW1	0.716			
GW2	0.710			
GW5	0.618			
GW6	0.591			
GH2		0.804		
GH3		0.762		
GH5		0.642		
GH6		0.611		
CZ4			0.748	
CZ5			0.706	
CZ3			0.590	
CZ2			0.579	
CZ6			0.567	
CZ1			0.523	
LX2				0.786
LX3				0.756
LX1				0.685
LX4				0.597

　　本书运用 AMOS22.0 对转换型领导风格的样本数据进行验证性因子分析，以检验假设模型是否得到数据支持，在验证性分析部分，提出与表 5-32 基本模型有一定理论联系的备择模型，并对拟合程度做一一比较分析，根据分析结果选择最优拟合模型。转换型领导的表 5-32 备择模

型 1 为单因子模型，即将转换型领导作为单一整体构思来探讨，表 5 – 32 备择模型 2 为五因子模型。在进行模型契合度比较时，主要看 x^2/df、RMSEA、RMR、GFI 四个绝对拟合指数，参考 NFI、TLI、IFI、CFI 等几个相对拟合指数。各模型的拟合指数见表 5 – 32。

表 5 – 32   转换型领导结构模型拟合指数比较

模型	x^2	RMR	RMSEA	GFI	AGFI	NFI	TLI	RFI	IFI	CFI	x^2/df
基本模型（四因子模型）	651.250	0.022	0.080	0.862	0.823	0.909	0.919	0.895	0.930	0.930	3.970
备择模型 1（单因子模型）	1360.895	0.031	0.126	0.703	0.633	0.810	0.809	0.788	0.830	0.829	8.005
备择模型 2（五因子模型）	662.854	0.023	0.084	0.855	0.810	0.908	0.914	0.890	0.928	0.928	4.143

从表 5 – 32 可知，四因子基本模型各项拟合指标均达到理想水平。单因子模型和五因子模型的各项指标明显劣于四因子模型，其中 x^2 和 x^2/df 的值均大于参考值，单因子模型 RMSEA 的值为 0.126，远大于参考值 0.08。这也说明，虽然转换型领导的各维度构思之间存在一定的相关性，但各维度之间仍然存在一定的独立意义，不能简单地将 20 个测量题项归为一个构思，而需要分为理想化影响、精神鼓舞、才智启发、个别关怀四个一阶因素。转换型领导的四因子模型除 GFI 处于 0.8 左右以外，x^2/df 及 RMSEA 均显示该模型具备良好的拟合度。因此，转换型领导风格问卷具有良好的结构效度。结构模型如图 5 – 4、图 5 – 5、图 5 – 6 所示。

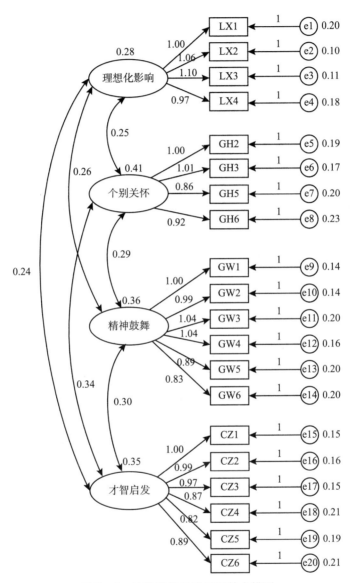

图 5 - 4 转换型领导四因子基本模型

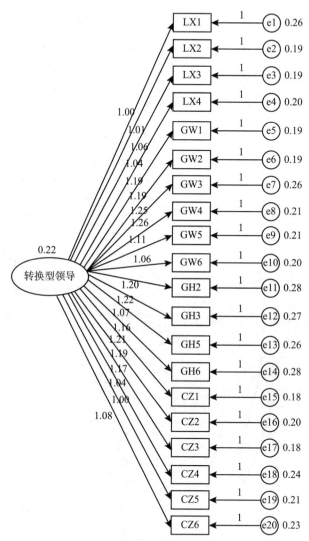

图 5 – 5　转换型领导单因子备择模型

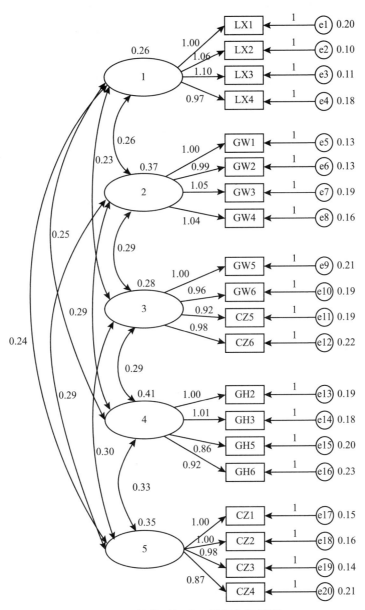

图 5-6　转换型领导五因子备择模型

对 469 份交易型领导风格问卷，用主成分分析法进行探索性因子分析，按照特征值大于 1 的原则和最大方差法旋转抽取公共因子，KMO 值检验结果为 0.901，巴特利特球体检验结果为小于 1%，说明样本数据满足因子分析的检验条件，得到单因子结构模型来测量交易型领导风格，其单因子方差累积贡献率 60.4%。结果见表 5 - 33、表 5 - 34。

表 5 - 33　　　　交易型领导风格量表 KMO 和巴特利特球体的检验

Kaiser - Meyer - Olkin 取样充足性检验		0.901
Bartlett 的球形度检验	近似卡方	1786.690
	df	28
	Sig.	0.000

表 5 - 34　　　　　　　交易型领导风格量表因子分析

因素	测量题项	载荷
交易型领导风格	JY1	0.758
	JY2	0.858
	JY3	0.768
	JY4	0.801
	JY5	0.703
	JY6	0.798
	JY7	0.656
	JY8	0.850

对组织创造力量表进行相关检验，KMO 值为 0.893，巴特利特球体检验结果小于 1%，因子分析表明组织创造力量表由一个因子构成，累计方差贡献率为 78.23%。结果见表 5 - 35、表 5 - 36。

表 5 –35　　　　　　组织创造力量表 KMO 和巴特利特球体的检验

Kaiser – Meyer – Olkin 取样充足性检验		0.893
Bartlett 的球形度检验	近似卡方	1861.723
	df	10
	Sig.	0.000

表 5 –36　　　　　　　　组织创造力量表因子分析

因素	测量题项	载荷
组织创新	ZC1	0.861
	ZC2	0.901
	ZC3	0.894
	ZC4	0.873
	ZC5	0.894

对探索式创新和利用式创新测量量表进行探索性因子分析，见表 5 –37、表 5 –38、表 5 –39。结果显示：探索式创新量表 KMO 值为 0.889，巴特利特球体检验结果小于 1%，而因子分析表明探索式创新由一个因子构成，累计方差贡献率为 63.1%；利用式创新量表 KMO 值为 0.913，巴特利特球体检验结果显著，因子分析表明利用式创新由一个因子构成，累计方差贡献率为 64.0%。

表 5 –37　　　　探索式创新量表 KMO 和巴特利特球体的检验

Kaiser – Meyer – Olkin 取样充足性检验		0.889
Bartlett 的球形度检验	近似卡方	1900.704
	df	21
	Sig.	0.000

表5-38　　　　　利用式创新量表 KMO 和巴特利特球体的检验

Kaiser – Meyer – Olkin 取样充足性检验		0.913
Bartlett 的球形度检验	近似卡方	1961.487
	df	21
	Sig.	0.000

表5-39　　　　　探索式/利用式创新量表因子分析

因素	测量题项	载荷	因素	测量题项	载荷
探索式创新	TS1	0.774	利用式创新	LY1	0.841
	TS2	0.758		LY2	0.847
	TS3	0.691		LY3	0.863
	TS4	0.800		LY4	0.828
	TS5	0.867		LY5	0.801
	TS6	0.805		LY6	0.835
	TS7	0.852		LY7	0.539

5.5.2　量表的信度检验

问卷量表的信度一般采用 Cronbach's α 系数作为判定指标，信度越大，则测量误差越小。判断标准为：Cronbach's α 系数在 0.70~0.80 比较可靠，α 系数在 0.80~0.90 很好，如果达到 0.9 以上则表示信度非常好。如果 α 系数在 0.6 以下，则应重新修正测量量表。本研究对 533 份样本数据进行信度检验，检验结果如下：

组织情绪能力测量量表的总体信度 Cronbach's α 值为 0.959，该量表信度良好，各测量题项的 α 值检验结果见表 5-40。

表 5 - 40 　　　　　　　　　　组织情绪能力量表信度检验

维度	题项	CITC 值	项目删除后 α 值	α 值
情感体验	MT1	0.757	0.956	0.885
	MT2	0.667	0.957	
	MT3	0.748	0.956	
	MT4	0.687	0.957	
	MT5	0.730	0.957	
鼓励	MG1	0.715	0.957	0.892
	MG2	0.726	0.957	
	MG3	0.751	0.956	
自由表达	MZ1	0.761	0.956	0.893
	MZ2	0.711	0.957	
	MZ3	0.718	0.957	
	MZ4	0.796	0.956	
组织包容	MB1	0.681	0.957	0.844
	MB2	0.730	0.956	
	MB3	0.599	0.958	
身份认同	MS1	0.764	0.956	0.823
	MS2	0.733	0.956	
	MS3	0.617	0.958	
合作交流	MH1	0.712	0.957	0.814
	MH2	0.772	0.956	

　　转换型领导测量量表的总体信度 Cronbach's α 值为 0.961，该量表信度良好。各测量题项的 α 值检验结果见表 5 - 41。

表 5 – 41 转换型领导风格测量量表信度检验

维度	题项	CITC 值	项目删除后 α 值	α 值
理想化影响	LX1	0.666	0.960	0.885
	LX2	0.723	0.960	
	LX3	0.737	0.959	
	LX4	0.713	0.960	
精神鼓舞	GW1	0.764	0.959	0.920
	GW2	0.765	0.959	
	GW3	0.736	0.959	
	GW4	0.770	0.959	
	GW5	0.729	0.960	
	GW6	0.723	0.960	
个别关怀	GH2	0.720	0.960	0.877
	GH3	0.734	0.959	
	GH5	0.693	0.960	
	GH6	0.707	0.960	
才智启发	CZ1	0.787	0.959	0.909
	CZ2	0.765	0.959	
	CZ3	0.777	0.959	
	CZ4	0.687	0.960	
	CZ5	0.703	0.960	
	CZ6	0.714	0.960	

交易型领导测量量表的总体信度 Cronbach's α 值为 0.868，各测量题项的 α 值检验结果见表 5 – 42。

表 5-42　　　　　　　　　交易型领导风格测量量表信度检验

维度	题项	CITC 值	项目删除后 α 值	α 值
交易型领导	JY1	0.633	0.851	0.868
	JY2	0.725	0.840	
	JY3	0.642	0.851	
	JY4	0.646	0.849	
	JY5	0.518	0.866	
	JY6	0.630	0.851	
	JY7	0.513	0.869	
	JY8	0.777	0.835	

　　组织创造力测量量表的总体信度 Cronbach's α 值为 0.936，各测量题项的 α 值检验结果见表 5-43。

表 5-43　　　　　　　　　组织创造力测量量表信度检验

维度	题项	CITC 值	项目删除后 α 值	α 值
组织创造力	ZC1	0.798	0.927	0.936
	ZC2	0.845	0.918	
	ZC3	0.838	0.920	
	ZC4	0.822	0.923	
	ZC5	0.843	0.918	

　　探索式创新测量量表的总体信度 Cronbach's α 值为 0.909，各测量题项的 α 值检验结果见表 5-44。

表 5 - 44　　　　　　　　　探索式创新测量量表信度检验

维度	题项	CITC 值	项目删除后 α 值	α 值
探索式创新	TS1	0.702	0.898	0.909
	TS2	0.690	0.900	
	TS3	0.624	0.906	
	TS4	0.742	0.893	
	TS5	0.810	0.886	
	TS6	0.739	0.894	
	TS7	0.785	0.888	

利用式创新测量量表的总体信度 Cronbach's α 值为 0.902，各测量题项的 α 值检验结果见表 5 - 45。

表 5 - 45　　　　　　　　利用式创新测量量表信度检验

维度	题项	CITC 值	项目删除后 α 值	α 值
利用式创新	LY1	0.767	0.881	0.902
	LY2	0.769	0.881	
	LY3	0.782	0.880	
	LY4	0.749	0.884	
	LY5	0.728	0.886	
	LY6	0.756	0.883	
	LY7	0.454	0.916	

集体主义导向测量量表的总体信度 Cronbach's α 值为 0.795，各测量题项的 α 值检验结果见表 5 - 46。

表 5 – 46　　　　　　　　集体主义导向测量量表信度检验

维度	题项	CITC 值	项目删除后 α 值	α 值
集体主义导向	CM1	0.584	0.754	0.795
	CM2	0.587	0.757	
	CM3	0.669	0.734	
	CM4	0.657	0.729	
	CM5	0.580	0.761	

5.6　共同方法偏差的检验

由于研究数据来源的相似性和被调查者工作环境相同，或者测量变量之间人为的相关性，会导致一种系统误差产生，即共同方法偏差（common method bias）。本书所收集的样本数据均来自汽车制造企业的从事技术创新工作的研发人员，企业的相似性可能是被调查者处于类似的环境中，对本企业创新情况的评价也来自他们的自我报告，因此可能存在共同方法偏差的问题，通常采用程序控制和统计控制两种方法控制共同方法偏差。在数据收集初期，笔者会向被调查者强调匿名填写和问卷的学术用途，以使被访者放心填写，另外对每个测量变量采用多个题项测量，以保证程序控制的有效性。一般通过对样本数据进行 Harman 单因素检验来进行共同方法偏差的统计控制，该方法判定依据为：是否存在某独立因子能够完全解释变量间的协方差。本书对所有变量进行探索性因子分析，按照公因子唯一，选择主成分分析法进行检验，结果表明未转轴时公因子共解释了 35.8% 的方差，因此共同方法偏差并不严重。

5.7　本章小结

第一，本章阐述了本书的研究设计、研究方法及调研的程序。第二，根据第4章研究假设和理论模型，选取本研究所需的测量量表，对选取的成熟量表进行了梳理和说明。第三，根据问卷设计的流程和方法，通过小规模访谈和相关学者研究，对初始问卷中存在的语言表述问题进行了改进和修正，确保了问卷内容的合理性，通过问卷预测试，保障了初始调查问卷的有效性和可靠性，并最终形成正式调查问卷。第四，针对中国汽车制造行业相关企业的研发部门发放正式调查问卷，共发放625份，回收有效问卷469份，有效问卷回收率为75.04%，对问卷数据进行探索性因子分析和验证性因子分析，并进行了共同方法偏差的检验。

第 6 章

假 设 检 验

本章将以企业能力理论、领导风格理论、情绪理论和创新理论为理论基础，将领导风格、组织情绪能力、企业创新等概念有机结合，运用SPSS23.0统计分析软件对第 4 章提出的领导风格通过组织情绪能力的中介作用影响企业创新的概念模型进行检验，并检验集体主义导向的调节效应。

6.1　描述性统计分析和相关分析

本章中的变量基本都是无法直接观测的潜变量，因此在对样本数据进行假设检验之前，必须对变量值进行相应的处理，所以，本章用潜变量的均值作为变量值，统计结果见表 6 – 1。

表 6 – 1　　　　　　　　描述性统计分析

变量	N	最小值	最大值	平均值	标准差
理想化影响	469	2.50	5.00	4.35	0.60
精神鼓舞	469	2.33	5.00	4.19	0.63

续表

变量	N	最小值	最大值	平均值	标准差
个别关怀	469	2.25	5.00	4.09	0.67
才智启发	469	2.33	5.00	4.24	0.59
交易型领导	469	2.38	5.00	3.73	0.66
集体主义导向	469	2.00	5.00	3.85	0.68
鼓励	469	1.00	5.00	3.80	0.79
自由表达	469	1.00	5.00	3.67	0.83
情感体验	469	1.60	5.00	3.85	0.68
合作交流	469	1.00	5.00	3.64	0.83
身份认同	469	1.33	5.00	3.94	0.69
组织包容	469	1.33	5.00	3.69	0.78
组织创造力	469	1.80	5.00	4.02	0.72
探索式创新	469	2.14	5.00	4.00	0.66
利用式创新	469	2.71	5.00	4.14	0.59

　　本章对领导风格各维度变量（转换型领导四个维度与交易型领导）、组织情绪能力各维度变量及企业创新（组织创造力、探索式/利用式创新）进行相关性分析。见表6－2，转换型领导各维度、交易型领导、集体主义导向、组织情绪能力与组织创造力、探索式/利用式创新之间呈显著正相关关系。

　　通过上述相关分析，初步了解到领导风格、组织情绪能力与企业创新之间具有一定相关关系，然而从相关分析的结果，只能看出变量间的大致关系，无法判断是否支持研究假设，本研究还将使用多层线性回归进一步检验各变量间关系。

相关分析结果

表6-2

变量	1	2	3	4	5	6	7	8	9	10	11	12	13	14	15
1 理想化影响	1														
2 精神鼓舞	0.787	1													
3 个别关怀	0.707	0.740	1												
4 才智启发	0.723	0.805	0.817	1											
5 交易型领导	0.459	0.602	0.662	0.599	1										
6 鼓励	0.489	0.581	0.565	0.556	0.607	1									
7 自由表达	0.328	0.449	0.552	0.503	0.617	0.685	1								
8 情感体验	0.344	0.484	0.539	0.512	0.672	0.654	0.764	1							
9 合作交流	0.348	0.489	0.511	0.512	0.592	0.662	0.707	0.776	1						
10 身份认同	0.454	0.564	0.551	0.549	0.592	0.700	0.690	0.746	0.725	1					
11 组织包容	0.367	0.492	0.471	0.446	0.537	0.607	0.642	0.676	0.652	0.645	1				
12 集体主义导向	0.381	0.518	0.358	0.431	0.413	0.532	0.354	0.425	0.431	0.434	0.459	1			
13 组织式创新	0.431	0.562	0.429	0.519	0.447	0.683	0.510	0.535	0.531	0.605	0.532	0.612	1		
14 探索式创新	0.433	0.537	0.363	0.467	0.433	0.611	0.426	0.495	0.470	0.583	0.512	0.594	0.768	1	
15 利用式创新	0.449	0.525	0.397	0.487	0.389	0.575	0.486	0.489	0.455	0.554	0.447	0.546	0.730	0.793	1

注：所有变量的相关系数在0.01水平上显著（双尾检验）。

6.2 控制变量的影响分析

中介变量和因变量除了会受到自变量的影响之外，还有可能受到其他控制变量的影响，诸如性别、年龄等人口特征变量也会对结果变量产生影响。本书在分析转换型领导风格和交易型领导风格对组织情绪能力、企业创新的影响前因之前，首先分析性别、年龄、学历、工作年限、岗位级别和企业性质这几个人口统计特征变量和组织特征变量对结果变量的影响。

本章利用 SPSS 23.0 软件中的独立样本 T 检验（Independent – Samples T Test）和单因素方差分析法（One-way ANOVA）对控制变量的影响进行判断。针对性别，运用独立样本 T 检验分析其对组织情绪能力和企业创新（包括组织创造力、探索式/利用式创新）的影响，年龄、工作年限、学历、岗位级别、企业性质均有两个以上分类，运用单因素方差分析法判断因素在各分组差异是否显著，来检验其对中介变量（组织情绪能力）和结果变量（企业创新）的影响。

6.2.1 性别对各解释变量的影响分析

样本中性别分为男女两类，采用独立样本 T 检验进行分析，由表 6－3 可知，在置信区间为 95% 的情况下，性别对各因变量的方差齐性检验均不显著，而 T 检验中各变量的检验结果均不显著。

表 6－3   **性别对解释变量的影响（独立样本 T 检验）**

因变量	Levene 方差齐性检验		均值差异 T 检验	
	显著性	是否齐性	T 值显著性	差异是否显著
鼓励	0.438	是	0.694	否
自由表达	0.952	是	0.610	否
情感体验	0.879	是	0.161	否

续表

因变量	Levene 方差齐性检验		均值差异 T 检验	
	显著性	是否齐性	T 值显著性	差异是否显著
合作交流	0.844	是	0.210	否
身份认同	0.141	是	0.935	否
组织包容	0.145	是	0.530	否
组织创造力	0.964	是	0.784	否
探索式创新	0.328	是	0.948	否
利用式创新	0.790	是	0.851	否

6.2.2 教育程度对解释变量的影响分析

本章将员工的教育程度分为：高中、大专、本科、研究生四大类，运用单因素方差分析法检验不同教育程度对解释变量的影响作用，见表 6-4。结果显示，在 95% 置信区间下，教育程度对组织情绪能力的鼓励维度、身份认同维度有显著影响，对探索式创新也有显著影响。教育程度的高低在一定程度上反映个人的感知能力和创新水平，因此，在分析领导风格与组织情绪能力和企业创新的关系时，要考虑教育程度的影响作用。

表 6-4   教育程度对解释变量的影响（单因素方差分析）

因变量	Levene 方差齐性检验		均值差异 T 检验	
	显著性	是否齐性	T 值显著性	差异是否显著
鼓励	0.647	是	0.017	是
自由表达	0.822	是	0.070	否
情感体验	0.755	是	0.107	否
合作交流	0.671	是	0.173	否
身份认同	0.050	是	0.002	是

续表

因变量	Levene 方差齐性检验		均值差异 T 检验	
	显著性	是否齐性	T 值显著性	差异是否显著
组织包容	0.182	是	0.122	否
组织创造力	0.127	是	0.094	否
探索式创新	0.567	是	0.015	是
利用式创新	0.760	是	0.084	否

6.2.3　工作年限对解释变量的影响分析

工作年限分为四段：1～2 年、3～5 年、6～10 年、10 年以上。运用单因素方差分析法检验对组织情绪能力和企业创新的影响，见表 6－5。结果显示，在 95% 置信水平下，不同工作年限对探索式创新和利用式创新有显著影响。

表 6－5　　工作年限对解释变量的影响（单因素方差分析）

因变量	Levene 方差齐性检验		均值差异 T 检验	
	显著性	是否齐性	T 值显著性	差异是否显著
鼓励	0.494	是	0.428	否
自由表达	0.019	否	0.660	否
情感体验	0.269	是	0.309	否
合作交流	0.298	是	0.109	否
身份认同	0.109	是	0.410	否
组织包容	0.093	是	0.213	否
组织创造力	0.319	是	0.095	否
探索式创新	0.347	是	0.035	是
利用式创新	0.033	否	0.009	是

通过方差齐性检验可知，探索式创新方差齐性，利用式创新方差非齐性，本文采用最小显著差异法（LSD）和塔姆黑尼（Tamhane T2）检验法分别进行多重比较做进一步分析，见表6-6。结果显示，工作年限在1~2年和10年以上的员工，其探索式创新水平均高于6~10年的员工；工作年限在1~2年的员工，其利用式创新水平高于工作年限6~10年的员工。总的来说，工作年限对探索式创新的影响呈U型变化。

表6-6   工作年限对探索式/利用式创新的多重比较结果

因变量	工作年限（I）	工作年限（J）	平均值差值（I-J）	标准误差	显著性
探索式创新	1~2年	3~5年	0.08791	0.09918	0.376
		6~10年	0.23632*	0.09569	0.014
		10年以上	0.05944	0.10214	0.561
	10年以上	1~2年	-0.05944	0.10214	0.561
		3~5年	0.02847	0.08458	0.737
		6~10年	0.17688*	0.08046	0.028
利用式创新	1~2年	3~5年	0.08681	0.07822	0.847
		6~10年	0.25071*	0.07659	0.008
		10年以上	0.07463	0.08142	0.932
	6~10年	1~2年	-0.25071*	0.07659	0.008
		3~5年	-0.16390	0.07091	0.122
		10年以上	-0.17608	0.07442	0.107

注：*表示 $p < 0.05$。

6.2.4 年龄对解释变量的影响分析

年龄分为四组：小于25岁、25~35岁、35~45岁、45~60岁，表6-7显示，在95%置信水平下，不同年龄对于组织情绪能力和企业创新的影响没有显著差异，因此，年龄可以不作为控制变量。

表 6 – 7 年龄对解释变量的影响（单因素方差分析）

因变量	Levene 方差齐性检验		均值差异 T 检验	
	显著性	是否齐性	T 值显著性	差异是否显著
鼓励	0.025	否	0.394	否
自由表达	0.040	否	0.124	否
情感体验	0.494	是	0.316	否
合作交流	0.130	是	0.780	否
身份认同	0.306	是	0.686	否
组织包容	0.338	是	0.909	否
组织创造力	0.009	否	0.767	否
探索式创新	0.511	是	0.716	否
利用式创新	0.068	是	0.459	否

6.2.5 岗位级别对解释变量的影响分析

岗位级别分为高层、中层和基层，见表 6 – 8，汽车制造行业不同岗位级别的研发技术人员，对于组织创造力、探索式创新和利用式创新的影响有显著差异。因此，在后续研究中，应该把岗位级别作为控制变量。

表 6 – 8 岗位级别对解释变量的影响（单因素方差分析）

因变量	Levene 方差齐性检验		均值差异 T 检验	
	显著性	是否齐性	T 值显著性	差异是否显著
鼓励	0.480	是	0.143	否
自由表达	0.482	是	0.106	否
情感体验	0.826	是	0.134	否
合作交流	0.003	否	0.219	否
身份认同	0.365	是	0.071	否

续表

因变量	Levene 方差齐性检验		均值差异 T 检验	
	显著性	是否齐性	T 值显著性	差异是否显著
组织包容	0.538	是	0.315	否
组织创造力	0.607	是	0.101	否
探索式创新	0.767	是	0.039	是
利用式创新	0.499	是	0.012	是

6.2.6　企业属性对解释变量的影响分析

企业性质分为：国有企业、民营企业和三资企业（含港澳台），见表 6 - 9，在 95％ 的置信区间下，除组织包容以外，企业性质对各解释变量均有显著影响。

表 6 - 9　　　　企业属性对解释变量的影响（单因素方差分析）

因变量	Levene 方差齐性检验		均值差异 T 检验	
	显著性	是否齐性	T 值显著性	差异是否显著
鼓励	0.016	否	0.000	是
自由表达	0.018	否	0.007	是
情感体验	0.002	否	0.003	是
合作交流	0.392	是	0.000	是
身份认同	0.946	是	0.008	是
组织包容	0.001	否	0.166	否
组织创造力	0.023	否	0.006	是
探索式创新	0.126	是	0.002	是
利用式创新	0.165	是	0.004	是

通过进一步的多重比较分析可知，在民营企业中，员工感知到的鼓励多于国有企业和三资企业，员工对自由表达、情感体验、合作交流和

身份认同几个维度的感知强于国有企业；民营企业在组织创造力、探索性创新和利用式创新也优于国有企业，见表6-10。

表6-10　　　　　　　企业属性对各解释变量的多重比较结果

因变量	检验方法	企业属性（I）	企业属性（J）	平均值差值（I-J）	标准误差	显著性
鼓励	TamhaneT2	民营企业	国有企业	0.40301 *	0.08688	0.000
			三资企业	0.29961 *	0.10023	0.009
自由表达	TamhaneT2	民营企业	国有企业	0.31746 *	0.10721	0.011
			三资企业	0.28303	0.12461	0.071
情感体验	TamhaneT2	民营企业	国有企业	0.28803 *	0.08148	0.002
			三资企业	0.25649 *	0.09951	0.032
合作交流	LSD	民营企业	国有企业	0.44490 *	0.10111	0.000
			三资企业	0.36269 *	0.11571	0.002
身份认同	LSD	民营企业	国有企业	0.26120 *	0.08506	0.002
			三资企业	0.23342 *	0.09734	0.017
组织创造力	TamhaneT2	民营企业	国有企业	0.27073 *	0.07943	0.002
			三资企业	0.11988	0.09866	0.536
探索式创新	LSD	民营企业	国有企业	0.28255 *	0.08087	0.001
			三资企业	0.16185	0.09255	0.081
利用式创新	LSD	民营企业	国有企业	0.24098 *	0.07311	0.001
			三资企业	0.15311	0.08367	0.068

注：* 表示 $p < 0.05$。

根据检验结果，性别和年龄对各解释变量没有显著影响作用，教育程度、工作年限、岗位级别、企业属性均对探索式创新和利用式创新有显著影响，教育程度和企业属性均对组织情绪能力有显著影响。因此，在后续研究中，针对不同的解释变量，要充分考虑相关控制变量的影响作用。

6.3 回归分析

通过方差分析可知，教育程度、企业属性等控制变量对组织情绪能力和组织创造力、探索式创新和利用式创新有显著的影响作用，所以在做自变量对因变量的回归分析时要控制这些因素。

通过回归分析，探索控制变量和预测变量对因变量和过程变量的影响作用。做法是：在回归方程的第一层先对控制进行分析，判断对因变量的影响是否显著，在回归方程的第二层，再放入预测变量。

变量间的序列相关性和共线性会影响回归分析的结果，因此本文对序列相关性采用 DW（Durbin-watson）统计量进行检验，其检验标准为 DW 值约等于 2 时样本数据不存在序列相关。多重共线性是指由于自变量之间的相关太高，造成回归分析的结果系数无法解释的矛盾现象，变量间是否存在多元共线性，一般通过容忍度（TOL）和方差膨胀因素（VIF）进行判别，通常认为，当容忍度大于 0.1，方差膨胀因素小于 10，则自变量间一般不存在共线性问题。分别对回归模型进行 DW 检验和共线性检验，当结果显示各变量不存在序列相关和共线性问题时，方程的回归结果才是成立的。

6.3.1 转换型领导和交易型领导对组织情绪能力的影响

方差分析可知，教育程度对组织情绪能力的鼓励和身份认同两个维度有显著的影响作用，企业属性对组织情绪能力除组织包容以外的五个维度有显著影响。首先将企业属性和教育程度放入回归方程，检验控制变量对组织情绪能力整体的影响程度，再将理想化影响、才智启发、个别关怀、精神鼓舞和交易型领导放入回归方程。经过检验分析，序列相关 DW 检验值为 1.715，多重共线性检验均在允许范围之内，各变量不存在严重的序列相关和共线性。

由回归分析结果可知，企业属性和教育程度对组织情绪能力的影响作用没有达到显著性水平，因此，在不考虑控制变量的情况下，将交易型领导、转换型领导的四个维度：理想化影响、个别关怀、精神鼓舞、才智启发放入回归方程，见表 6-11，R^2 为 0.552，回归结果均达显著，比较各因素的回归系数及显著性。其中，交易型领导对组织情绪能力有正向影响（标准 β = 0.467，p = 0）；转换型领导的四个维度中，精神鼓舞维度正向影响作用最大（p < 0.05，标准 β = 0.183），其次为个别关怀（p < 0.05，标准 β = 0.139）。回归结果说明，转换型领导和交易型领导对组织情绪能力有显著的正向影响，验证了之前的假设。

6.3.2 转换型领导和交易型领导对企业创新的影响

6.3.2.1 转换型领导和交易型领导对组织创造力的回归分析

将控制变量（工作年限、岗位级别、企业属性）、交易型领导和转换型领导的各维度作为预测变量，组织创新作为效标变量，进行回归分析，结果发现，序列相关检验（DW 值 1.852）和共线性检验（VIF 最大值为 4.148）均在允许的范围之内，回归分析结果是可接受的。从表 6-12 可以看出，第一层模型中，F 值为 2.774，p < 0.05，回归模型显著，企业属性对于组织创造力有显著的正向影响作用，调整后 R^2 = 0.011，说明控制变量对组织创造力具有一定的解释能力，加入转换型领导各维度之后，企业属性的影响作用不再显著，精神鼓舞的正向影响最大（标准 β = 0.452，p < 0.001），其次是才智启发（标准 β = 0.253，p < 0.001）。回归的第二层调整后 R^2 = 0.337，比第一层增加了 0.319，说明在加入转换型领导的精神鼓舞、理想化影响、才智启发和个别关怀四个维度后，各预测变量对组织创新的解释能力提高了 31.9%。回归结果表明，精神鼓舞和才智启发对组织创造力有显著的正向影响作用，验证了前文的假设。

表6-11 转换型/交易型领导风格对组织情绪能力的回归结果

层级/变量	第一层 标准β	第一层 t	第一层 Sig	第二层 标准β	第二层 t	第二层 Sig	多重共线性检验 第一层 TOL	第一层 VIF	第二层 TOL	第二层 VIF
企业属性	0.057	1.2	0.231				0.945	1.059		
教育程度	-0.061	-1.288	0.198				0.945	1.059		
理想化影响				-0.098	1.819	0.007			0.332	3.011
精神鼓舞				0.183**	2.917	0.004			0.246	4.069
个别关怀				0.139*	2.280	0.023			0.261	3.832
才智启发				0.127*	2.004	0.046			0.241	4.143
交易型领导				0.467***	10.789	0.000			0.517	1.934
R^2	0.009			0.552						
ΔR^2	0.004			0.547						
F	2.026			114.099						
Sig	0.133			0.000			DW		1.715	

表 6 – 12　　　　　　　　转换型领导对组织创造力的回归结果

自变量	第一层		第二层	
	标准 β	t	标准 β	t
工作年限	− 0.082	− 1.699	− 0.034	− 0.858
岗位级别	− 0.030	− 0.618	− 0.026	− 0.654
企业属性	0.098 *	2.119	0.055	1.427
理想化影响			− 0.065	− 1.007
精神鼓舞			0.452 ***	6.009
个别关怀			− 0.067	− 0.960
才智启发			0.253 ***	3.277
调整后 R^2	0.011		0.327	
ΔR^2	0.018		0.337	
F	2.774		33.545	
Sig	0.041		0.000	
VIF 最大值	1.112		4.148	

注：* 表示 $p < 0.05$；*** 表示 $p < 0.001$。

在考虑控制变量的影响作用下，将转换型领导和交易型领导分别与组织创造力进行回归分析，见表 6 – 13，结果发现，转换型领导和交易型领导都对组织创造力有显著的正向影响作用（标准 β = 0.531，$p < 0.001$；标准 β = 0.444，$p < 0.001$），而转换型领导调整后的决定系数为 0.290，说明它总共解释了组织创造力的 29%，交易型领导调整后的决定系数为 0.207，说明总共解释了组织创造力的 20.7%，说明转换型领导对组织创新的正向促进作用更强，进一步验证了前文假设。

表 6 – 13　转换型领导、交易型领导对组织创造力的回归结果比较

自变量	模型 1		模型 2	
	标准 β	t	标准 β	t
工作年限	− 0.034	− 0.858	− 0.057	− 1.31
岗位级别	− 0.026	− 0.654	− 0.008	− 0.173

续表

自变量	模型 1		模型 2	
	标准 β	t	标准 β	t
企业属性	0.055*	1.427	0.101*	2.431
转换型领导	0.531***	13.626		
交易型领导			0.444***	10.776
调整后 R^2	0.290		0.207	
ΔR^2	0.293		0.214	
F	96.616		31.628	
Sig	0.000		0.000	
VIF 最大值	1.112		1.115	

注：*表示 p < 0.05；***表示 p < 0.001。

6.3.2.2　转换型领导和交易型领导对探索式创新的回归分析

将控制变量企业属性放入回归方程的第一层，再将转换型领导的理想化影响、精神鼓舞、才智启发、个别关怀四个维度放入回归方程的第二层，经过序列相关 DW 检验（DW 值为 1.731）和多重共线性（VIF 最大值为 4.148）检验，其结果均在允许的范围之内。从表 6-14 可以看出，控制变量的工作年限、岗位级别和企业属性对于探索式创新的总体回归模型并不显著（p > 0.05，F = 1.820），因此在接下来第二层检验中不考虑控制变量的影响作用，第二层回归模型中，将转换型领导的四个维度对探索式创新进行回归，结果显示，精神鼓舞对探索式创新具有显著的正向影响作用（标准 β = 0.480，p < 0.001），才智启发对探索式创新具有显著正向影响（标准 β = 0.208，p < 0.001），验证了前文的研究假设。理想化影响对探索式创新的影响作用不显著，个别关怀对探索式创新的负向影响显著（标准 β = -0.189，p < 0.01）。第二层回归模型的调整后 R^2 为 0.297，说明转换型领导的四个维度共解释了探索式创新 29.7%。

153

表 6－14　　　　　　　转换型领导对探索式创新的回归结果

自变量	第一层因变量（探索式创新）		第二层因变量（探索式创新）	
	标准 β	t	标准 β	t
工作年限	－ 0.036	－ 0.748		
岗位级别	0.003	0.070		
企业属性	0.099	2.124		
理想化影响			0.038	0.580
精神鼓舞			0.480 ***	6.321
个别关怀			－ 0.189 **	－ 2.670
才智启发			0.208 **	2.638
调整后 R^2	0.005		0.297	
ΔR^2	0.012		0.303	
F	1.820		50.438	
Sig	0.143		0.000	
VIF 最大值	1.112		4.148	

注：** 表示 p < 0.01。

将转换型领导和交易型领导分别与探索式创新进行回归分析，见表6－15，结果发现，企业属性对探索式创新有显著的正向影响作用，转换型领导和交易型领导都对探索式创新有显著的正向影响作用，而转换型领导调整后的决定系数为 0.246，说明它总共解释了探索式创新的24.6%，交易型领导调整后的决定系数为 0.191，说明总共解释了个体创新的19.1%，说明转换型领导对探索式创新的正向促进作用更强，进一步验证了前文假设。

表 6－15　转换型领导、交易型领导对探索式创新的回归结果比较

自变量	模型 1		模型 2	
	标准 β	t	标准 β	t
工作年限	0.005	0.119	－ 0.012	－ 0.265
岗位级别	0.019	0.459	0.025	0.575

续表

自变量	模型 1		模型 2	
	标准 β	t	标准 β	t
企业属性	0.085 *	2.095	0.102 *	2.418
转换型领导	0.492 ***	12.212		
交易型领导			0.433 ***	10.386
调整后 R^2	0.246		0.191	
ΔR^2	0.252		0.198	
F	39.082		28.645	
Sig	0.000		0.000	
VIF 最大值	1.113		1.115	

注：* 表示 $p < 0.01$；*** 表示 $p < 0.001$。

6.3.2.3 转换型领导和交易型领导对利用式创新的回归分析

将控制变量工作年限、岗位级别和企业属性放入回归方程的第一层，再将理想化影响、精神鼓舞、才智启发、个别关怀变量放入回归方程的第二层，在经过序列相关 DW 检验和多重共线性的 TOL 和 VIF 检验后发现检验结果均在允许的范围之内，说明进入方程的各变量之间不存在序列相关和多重共线性。

从表 6-16 可以看出，工作年限、岗位级别和企业属性对于利用式创新的影响作用不显著（$p > 0.05$，F = 2.288），在第二层回归模型中，不再考虑控制变量的影响作用，加入转换型领导各维度后，精神鼓舞对利用式创新的正向影响作用最大（标准 β = 0.360，$p < 0.001$），其次是才智启发（标准 β = 0.236，$p < 0.01$），第二层回归的决定系数达到 0.286，说明第二层方程中的理想化影响、精神鼓舞、个别关怀、才智启发四个维度解释了利用式创新 28.6%，精神鼓舞和才智启发对利用式创新的正向影响作用得到验证。

表 6 – 16 转换型领导对利用式创新的回归结果

自变量	第一层因变量（利用式创新）		第二层因变量（利用式创新）	
	标准 β	t	标准 β	t
工作年限	– 0.075	– 1.552		
岗位级别	– 0.069	– 1.421		
企业属性	0.073	1.578		
理想化影响			0.078	1.170
精神鼓舞			0.360 ***	4.716
个别关怀			– 0.118	– 1.655
才智启发			0.236 **	2.977
调整后 R^2	0.008		0.286	
ΔR^2	0.015		0.293	
F	2.288		47.978	
Sig	0.078		0.000	
VIF 最大值	1.112		4.148	

注：** 表示 $p < 0.05$；*** 表示 $p < 0.001$。

将转换型领导和交易型领导分别与利用式创新作比较，以判断哪种领导风格对利用式创新的促进作用更强，回归结果见表 6 – 17，两种领导风格对利用式创新都具有正向影响作用，相比交易型领导，转换型领导对于利用式创新的决定作用更强（β = 0.506，调整后 R^2 = 0.262），验证了前文的假设。

表 6 – 17 转换型领导、交易型领导对利用式创新的回归结果比较

自变量	模型 1		模型 2	
	标准 β	t	标准 β	t
工作年限	– 0.033	– 0.780	– 0.053	– 1.188
岗位级别	– 0.052	– 1.253	– 0.050	– 1.104
企业属性	0.059	1.472	0.076	1.763

续表

自变量	模型 1		模型 2	
	标准 β	t	标准 β	t
转换型领导	0.506***	12.683		
交易型领导			0.385***	9.040
调整后 R^2	0.262		0.155	
ΔR^2	0.268		0.162	
F	42.520		22.446	
Sig	0.000		0.000	
VIF 最大值	1.113		1.115	

注：*** 表示 $p < 0.001$。

6.3.3　组织情绪能力对企业创新的影响

本小节将组织情绪能力作为一组预测变量，将组织创造力、探索式创新、利用式创新各自作为整体效标变量，采用 Enter 法进行复回归分析，以计算组织情绪能力各维度对组织创造力、探索式创新、利用式创新整体变量的解释力，通过回归模型的 F 值来检验影响作用是否达到显著性水平。通过 VIF 值检验回归分析中是否存在多重共线性问题，并判断检验结果是否可接受。组织情绪能力各维度对企业创新的复回归分析结果见表 6-18。

表 6-18　　　　组织情绪能力各维度对企业创新的回归分析

自变量	因变量（组织创造力）		因变量（探索式创新）		因变量（利用式创新）	
	标准 β	t	标准 β	t	标准 β	t
工作年限	-0.054	-1.561	-0.005	-0.123	-0.057	-1.457
岗位级别	-0.002	-0.046	0.025	0.685	-0.045	-1.161
企业属性	0.046	1.382	0.052	1.480	0.035	0.940
鼓舞	0.490***	9.591	0.417***	7.687	0.333***	5.811

自变量	因变量（组织创造力）		因变量（探索式创新）		因变量（利用式创新）	
	标准 β	t	标准 β	t	标准 β	t
自由表达	-0.066	-1.163	-0.190**	-3.168	0.055	0.869
情感体验	0.024	0.384	0.076	1.131	0.049	0.688
合作交流	-0.006	-0.101	-0.066	-1.072	-0.071	-1.095
身份认同	0.210***	3.707	0.297***	4.930	0.264***	4.157
组织包容	0.122*	2.533	0.177**	3.453	0.045	0.840
调整后 R^2	0.503		0.439		0.373	
ΔR^2	0.512		0.450		0.385	
F	53.576		41.651		31.975	
Sig	0.000		0.000		0.000	
VIF 最大值	3.738		3.738		3.738	

注：* 表示 $p < 0.05$；** 表示 $p < 0.01$；*** 表示 $p < 0.001$。

由表 6-18 的回归分析结果发现，考虑控制变量的情况下，组织情绪能力与组织创造力、探索式创新和利用式创新的三个回归模型都是显著的（F = 53.576，$p < 0.001$；F = 41.651，$p < 0.001$；F = 31.975，$p < 0.001$），所有模型的 VIF 最大值为 3.738，远小于临界值 10。其中，三个回归模型中的控制变量（工作年限、岗位级别、企业属性）对因变量的影响均不显著，组织情绪能力各维度中，鼓舞（β = 0.490，$p < 0.001$）、身份认同（β = 0.210，$p < 0.001$）和组织包容（β = 0.122，$p < 0.05$）对组织创造力有显著正向影响作用；在组织情绪能力对探索式创新的回归模型中，鼓舞（β = 0.417，$p < 0.001$）、身份认同（β = 0.297，$p < 0.001$）和组织包容（β = 0.297，$p < 0.01$）对探索式创新的正向影响作用显著，自由表达（β = -0.190，$p < 0.01$）对探索式创新有显著的负向影响，情感体验和合作交流对探索式创新的影响作用不显著；在组织情绪能力对利用式创新的回归模型中，鼓舞（β = 0.333，$p < 0.001$）和身份认同（β = 0.264，$p < 0.001$）对利用式创新有显著正向影响作用，自由表达、情感体验、合作交流、组织包容对利用式创

新的影响作用不显著。

6.3.4　组织情绪能力的中介效应分析

中介效应的检验一般采用拜伦和肯尼（Baron & Kenny，1986）的检验程序，检验程序分三步进行，首先检验自变量和中介变量与因变量之间存在显著影响作用，其次检验自变量与中介变量之间关系，最后将自变量与中介变量一起放入回归方程，检验中介变量对因变量的影响和自变量对因变量的影响是否显著，若检验结果显著，则判断是完全中介效应（full mediation）还是部分中介效应（partial mediation），若中介变量对因变量的影响不显著，则无中介效应。

本小节假设检验的步骤为：领导风格（转换型领导及交易型领导）和组织情绪能力分别对企业创新进行回归以检验他们之间的影响关系是否显著；然后再以领导风格（转换型领导及交易型领导）对组织情绪能力变量进行回归，检验他们之间影响关系是否显著；最后，在领导风格对企业创新的回归模型中加入中介变量组织情绪能力，与未放入中介变量的回归模型相比较，以检验是否变弱或不再显著。根据前文关于控制变量的分析，本研究选取工作年限、岗位级别、企业属性作为控制变量，在检验过程中，考虑控制变量对研究结果的影响。

6.3.4.1　组织情绪能力在转换型领导风格与组织创造力之间的中介作用

将转换型领导风格及控制变量作为自变量，组织情绪能力作为因变量，通过回归分析检验变量间关系。由表 6 - 19 的分析结果可知，回归方程模型显著（$F = 74.713$，$p < 0.001$），方程具有统计意义，转换型领导风格与组织情绪能力之间的标准化系数为 0.621，$p < 0.001$，回归系数显著，研究假设"转换型领导风格对组织情绪能力有显著正向影响"得到验证，自变量的 VIF 最大值为 1.113，小于临界值 10，不存在多重共线性问题，转换型领导风格累计解释因变量达 38.7%。

表 6 – 19　　　　　　　转换型领导风格对组织情绪能力的回归分析

自变量	因变量（组织情绪能力）		因变量（组织情绪能力）	
	标准 β	t	标准 β	t
工作年限	− 0.011	− 0.288	− 0.006	− 0.17
岗位级别	− 0.023	− 0.621	− 0.018	− 0.463
企业属性	0.050	1.398	0.046	1.253
理想化影响	− 0.202 **	− 3.390		
精神鼓舞	0.334 **	4.844		
个别关怀	0.385 **	6.037		
才智启发	0.157 *	2.212		
转换型领导风格			0.621 **	17.096
调整后 R^2	0.434		0.387	
ΔR^2	0.443		0.392	
F	52.291		74.713	
Sig	0.000		0.000	
VIF 最大值	3.928		1.113	

注：* 表示 $p < 0.05$；** 表示 $p < 0.01$；*** 表示 $p < 0.001$。

将转换型领导风格各维度及控制变量作为自变量，通过回归分析检验与组织情绪能力之间的关系。理想化影响维度与组织情绪能力之间标准化系数为 − 0.202，$p < 0.01$，回归系数显著，理想化影响与组织情绪能力之间负向关，研究假设"理想化影响对组织情绪能力有显著正向影响"未得到验证；精神鼓舞维度与组织情绪能力之间标准化系数为 0.334，$p < 0.01$，回归系数显著，研究假设"精神鼓舞对组织情绪能力有显著的正向影响作用"得到验证；个别关怀维度与组织情绪能力之间标准化系数为 0.385，$p < 0.01$，回归系数显著，研究假设"个别关怀对组织情绪能力有显著的正向影响作用"得到验证；才智启发维度与组织情绪能力之间标准化系数为 0.157，$p < 0.05$，回归系数显著，研究假设"才智启发对组织情绪能力有显著的正向影响作用"得到验证。所有

自变量的 VIF 最大值为 3.928，小于临界值 10，变量间不存在多重共线性问题，调整后 R^2 为 0.434，回归模型累计解释因变量达 43.3%。

首先，将转换型领导作为自变量，组织创造力作为因变量，在考虑控制变量（工作年限、岗位级别、企业属性）的情况下进行回归分析，如表 6 - 20 所示，结果发现，企业属性（标准 $\beta = 0.083$，$p < 0.05$）对组织创造力有显著的正向影响作用，说明三资企业和民营企业的创造力水平要高于国有企业，这与前文的方差分析结论相吻合。转换型领导风格标准化系数为 0.528，$p < 0.001$，回归系数显著，研究假设"转换型领导对组织创造力有显著的正向影响"得到验证。

其次，将组织情绪能力作为自变量，组织创造力作为因变量，通过回归分析发现，组织情绪能力对组织创造力的标准化回归系数为 0.651，$p < 0.001$，回归系数显著，研究假设"组织情绪能力对组织创造力有显著正向影响"得到验证。

第四个方程，将组织情绪能力与转换型领导风格同时放入与组织创造力的回归方程，数据运行结果显示，回归模型的 F 值为 79.597，模型累计解释因变量 46.2% 的方差，变量间不存在多重共线性（VIF 最大值为 1.644），组织情绪能力对组织创造力的标准化系数为 0.525，$p < 0.001$，回归系数仍然显著，转换型领导风格对组织创造力的标准化系数为 0.202，$p < 0.001$，回归系数显著，与未放入组织情绪能力的方程相比（标准化系数为 0.528），回归系数有所降低，因此，组织情绪能力在转换型领导风格与组织创造力之间起着部分中介的作用。

表 6 - 20　转换型领导、组织情绪能力与组织创造力的回归分析

自变量	因变量（组织创造力）		因变量（组织创造力）		因变量（组织创造力）	
	标准 β	t	标准 β	t	标准 β	t
工作年限	- 0.038	- 0.919	- 0.044	- 1.199	- 0.034	- 0.957
岗位级别	- 0.013	- 0.310	- 0.005	- 0.143	- 0.003	- 0.096

自变量	因变量（组织创造力）		因变量（组织创造力）		因变量（组织创造力）	
	标准 β	t	标准 β	t	标准 β	t
企业属性	0.083 *	2.117	0.057	1.620	0.059	1.720
转换型领导风格	0.528 ***	13.492			0.202 ***	4.619
组织情绪能力			0.651 ***	18.61	0.525 ***	12.021
调整后 R^2	0.288		0.433		0.456	
ΔR^2	0.294		0.437		0.462	
F	48.399		90.208		79.597	
Sig	0.000		0.000		0.000	
VIF 最大值	1.113		1.114		1.644	

注：* 表示 $p < 0.05$；** 表示 $p < 0.01$；*** 表示 $p < 0.001$。

6.3.4.2 组织情绪能力在交易型领导风格与组织创造力之间的中介作用

表 6-21 表示组织情绪能力中介作用检验的四个回归方程，第一个方程表示将交易型领导风格及控制变量作为自变量，组织情绪能力作为因变量，通过回归分析检验变量间关系，回归模型显著（F=113.574，$p < 0.001$），方程具有统计意义，交易型领导风格与组织情绪能力之间的标准化系数为 0.699，$p < 0.01$，回归系数显著，研究假设"交易型领导风格对组织情绪能力有显著正向影响"得到验证，自变量的 VIF 最大值为 1.115，小于临界值 10，不存在多重共线性问题。

第二个方程将交易型领导风格作为自变量，组织创造力作为因变量，在考虑控制变量（工作年限、岗位级别、企业属性）的情况下进行回归分析，结果发现，企业属性（标准 β=0.101，$p < 0.05$）对组织创造力有显著的正向影响作用，交易型领导风格标准化系数为 0.444，$p < 0.001$，回归系数显著，研究假设"交易型领导风格对组织创造力有显著的正向影响"得到验证。

第三个方程将组织情绪能力作为自变量，组织创造力作为因变量，通过回归分析发现，组织情绪能力对组织创造力的标准化回归系数为 0.651，$p < 0.001$，回归系数显著。

第四个方程将组织情绪能力与交易型领导风格同时放入与组织创造力的回归方程，数据运行结果显示，回归模型的 F 值为 72.072，模型累计解释因变量 43.2% 的方差，变量间不存在多重共线性（VIF 最大值为 1.979），组织情绪能力对组织创造力的标准化系数为 0.665，$p < 0.001$，回归系数仍然显著，交易型领导风格对组织创造力的标准化系数为 −0.020，$p > 0.05$ 与未放入组织情绪能力的方程（标准化系数为 0.459，$p < 0.01$）相比，回归系数不显著，因此，组织情绪能力在交易型领导风格与组织创造力之间起着完全中介作用。

表 6-21　组织情绪能力在交易型领导风格与组织创造力之间的中介作用检验

自变量	因变量（组织情绪能力）		因变量（组织创造力）		因变量（组织创造力）		因变量（组织创造力）	
	标准 β	t	标准 β	t	标准 β	t	标准 β	t
工作年限	−0.019	−0.541	−0.057	−1.310	−0.044	−1.199	−0.044	−1.206
岗位级别	−0.003	−0.076	−0.008	−0.173	−0.005	−0.143	−0.006	−0.156
企业属性	0.068*	2.030	0.101*	2.431	0.057	1.62	0.056	1.585
交易型领导风格	0.699**	21.128	0.444***	10.776			−0.020	−0.413
组织情绪能力					0.651***	18.61	0.665***	13.563
调整后 R^2	0.490		0.207		0.433		0.432	
ΔR^2	0.495		0.214		0.437		0.438	
F	113.574		31.628		90.208		72.072	
Sig	0.000		0.000		0.000		0.000	
VIF 最大值	1.115		1.115		1.114		1.979	

注：* 表示 $p < 0.05$；** 表示 $p < 0.01$；*** 表示 $p < 0.001$。

6.3.4.3 组织情绪能力在转换型领导风格与探索式创新之间的中介作用

首先，将转换型领导作为自变量，探索式创新作为因变量，在考虑控制变量（工作年限、岗位级别、企业属性）的情况下进行回归分析，见表 6 - 22，结果发现，企业属性（标准 β = 0.085，p < 0.05）对探索式创新有显著的正向影响作用，说明三资企业和民营企业的创造力水平要高于国有企业，这与前文的方差分析结论相吻合。转换型领导风格标准化系数为 0.492，p < 0.001，回归系数显著，研究假设"转换型领导对探索式创新有显著的正向影响"得到验证。

其次，将组织情绪能力作为自变量，探索式创新作为因变量，通过回归分析发现，组织情绪能力对探索式创新的标准化回归系数为 0.594，p < 0.001，回归系数显著，研究假设"组织情绪能力对探索式创新有显著正向影响"得到验证。

第四个方程，将组织情绪能力与转换型领导风格同时放入与探索式创新的回归方程，数据运行结果显示，回归模型的 F 值为 58.214，模型累计解释因变量 38.6% 的方差，变量间不存在多重共线性（VIF 最大值为 1.644），组织情绪能力对探索式创新的标准化系数为 0.469，p < 0.001，回归系数仍然显著，转换型领导风格对探索式创新的标准化系数为 0.201，p < 0.001，回归系数显著，与未放入组织情绪能力的方程相比（标准化系数为 0.492），回归系数有所降低，因此，组织情绪能力在转换型领导风格与探索式创新之间起着部分中介的作用。

表 6 - 22 转换型领导、组织情绪能力与探索式创新的回归分析

自变量	因变量（探索式创新）		因变量（探索式创新）		因变量（探索式创新）	
	标准 β	t	标准 β	t	标准 β	t
工作年限	0.005	0.119	− 0.001	− 0.037	0.008	0.210
岗位级别	0.019	0.459	0.026	0.663	0.028	0.722

续表

自变量	因变量（探索式创新）		因变量（探索式创新）		因变量（探索式创新）	
	标准 β	t	标准 β	t	标准 β	t
企业属性	0.085 *	2.095	0.061	1.631	0.063	1.722
转换型领导风格	0.492 ***	12.212			0.201 ***	4.297
组织情绪能力			0.594 ***	15.946	0.469 ***	10.052
调整后 R^2	0.246		0.356		0.379	
ΔR^2	0.252		0.362		0.386	
F	39.082		65.678		58.214	
Sig	0.000		0.000		0.000	
VIF 最大值	1.113		1.114		1.644	

注：＊表示 p ＜ 0.05；＊＊表示 p ＜ 0.01；＊＊＊表示 p ＜ 0.001。

6.3.4.4　组织情绪能力在交易型领导风格与探索式创新的中介作用

表 6 - 23 表示组织情绪能力中介作用检验的四个回归方程，第一个方程表示将交易型领导风格及控制变量作为自变量，组织情绪能力作为因变量，通过回归分析检验变量间关系，回归模型显著（F = 113.574，p ＜ 0.001），方程具有统计意义，交易型领导风格与组织情绪能力之间的标准化系数为 0.699，p ＜ 0.01，回归系数显著，研究假设"交易型领导风格对组织情绪能力有显著正向影响"得到验证，自变量的 VIF 最大值为 1.115，小于临界值 10，不存在多重共线性问题。

第二个方程将交易型领导风格作为自变量，探索式创新作为因变量，在考虑控制变量（工作年限、岗位级别、企业属性）的情况下进行回归分析，结果发现，企业属性（标准 β = 0.102，p ＜ 0.05）对探索式创新有显著的正向影响作用，交易型领导风格标准化系数为 0.433，p ＜ 0.001，回归系数显著，研究假设"交易型领导风格对探索式创新有显著的正向影响"得到验证。

第三个方程将组织情绪能力作为自变量，探索式创新作为因变量，通过回归分析发现，控制变量中的工作年限、岗位级别及企业属性的影响作用均不再显著，组织情绪能力对探索式创新的标准化回归系数为 0.594，$p < 0.001$，回归系数显著。

第四个方程将组织情绪能力与交易型领导风格同时放入与探索式创新的回归方程，数据运行结果显示，回归模型的 F 值为 52.567，模型累计解释因变量 35.5% 的方差，变量间不存在多重共线性（VIF 最大值为 1.979），组织情绪能力对探索式创新的标准化系数为 0.570，$p < 0.001$，回归系数仍然显著，交易型领导风格对探索式创新的标准化系数为 0.035，$p > 0.05$ 与未放入组织情绪能力的方程（标准化系数为 0.433，$p < 0.01$）相比，回归系数不显著，因此，组织情绪能力在交易型领导风格与探索式创新之间起着完全中介作用。

表 6-23　组织情绪能力在交易型领导风格与探索式创新之间的中介作用检验

自变量	因变量（组织情绪能力）		因变量（探索式创新）		因变量（探索式创新）		因变量（探索式创新）	
	标准 β	t	标准 β	t	标准 β	t	标准 β	t
工作年限	-0.019	-0.541	-0.012	-0.265	-0.001	-0.037	-0.001	-0.023
岗位级别	-0.003	-0.076	0.025	0.575	0.026	0.663	0.027	0.683
企业属性	0.068*	2.030	0.102*	2.418	0.061	1.631	0.063	1.672
交易型领导风格	0.699**	21.128	0.433***	10.386			0.035	0.663
组织情绪能力					0.594***	15.946	0.570***	10.913
调整后 R^2	0.490		0.191		0.356		0.355	
ΔR^2	0.495		0.198		0.362		0.362	
F	113.574		28.645		65.678		52.567	
Sig	0.000		0.000		0.000		0.000	
VIF 最大值	1.115		1.115		1.114		1.979	

注：* 表示 $p < 0.05$；** 表示 $p < 0.01$；*** 表示 $p < 0.001$。

6.3.4.5 组织情绪能力在转换型领导风格与利用式创新之间的中介作用

首先，将转换型领导作为自变量，利用式创新作为因变量，在考虑控制变量（工作年限、岗位级别、企业属性）的情况下进行回归分析，见表 6-24，结果发现，工作年限（标准 $\beta = -0.033$，$p > 0.05$）、企业属性（标准 $\beta = 0.059$，$p > 0.05$）、岗位级别（标准 $\beta = -0.052$，$p > 0.05$）对利用式创新的影响均不显著，转换型领导风格标准化系数为 0.506，$p < 0.001$，回归系数显著，研究假设"转换型领导对利用式创新有显著的正向影响"得到验证。

其次，将组织情绪能力作为自变量，利用式创新作为因变量，通过回归分析发现，组织情绪能力对利用式创新的标准化回归系数为 0.575，$p < 0.001$，回归系数显著，研究假设"组织情绪能力对利用式创新有显著正向影响"得到验证。

第四个方面将组织情绪能力与转换型领导风格同时放入与利用式创新的回归方程，数据运行结果显示，回归模型的 F 值为 56.234，模型累计解释因变量 37.1% 的方差，变量间不存在多重共线性（VIF 最大值为 1.644），组织情绪能力对利用式创新的标准化系数为 0.424，$p < 0.001$，回归系数仍然显著，转换型领导风格对利用式创新的标准化系数为 0.242，$p < 0.001$，回归系数显著，与未放入组织情绪能力的方程相比（标准化系数为 0.506），回归系数有所降低，因此，组织情绪能力在转换型领导风格与利用式创新之间起着部分中介的作用。

表 6-24 转换型领导、组织情绪能力与利用式创新的回归分析

自变量	因变量（利用式创新）		因变量（利用式创新）		因变量（利用式创新）	
	标准 β	t	标准 β	t	标准 β	t
工作年限	-0.033	-0.780	-0.041	-1.044	-0.030	-0.774
岗位级别	-0.052	-1.253	-0.047	-1.187	-0.045	-1.163

自变量	因变量（利用式创新）		因变量（利用式创新）		因变量（利用式创新）	
	标准 β	t	标准 β	t	标准 β	t
企业属性	0.059	1.472	0.037	0.968	0.040	1.067
转换型领导风格	0.506 ***	12.683			0.242 ***	5.148
组织情绪能力			0.575 ***	15.203	0.424 ***	9.031
调整后 R^2	0.262		0.337		0.371	
ΔR^2	0.268		0.342		0.378	
F	42.520		65.678		56.234	
Sig	0.000		0.000		0.000	
VIF 最大值	1.113		1.114		1.644	

注：* 表示 $p < 0.05$；** 表示 $p < 0.01$；*** 表示 $p < 0.001$。

6.3.4.6 组织情绪能力在交易型领导风格与利用式创新的中介作用

表 6 – 25 表示组织情绪能力中介作用检验的四个回归方程。第一个方程表示将交易型领导风格及控制变量作为自变量，组织情绪能力作为因变量，通过回归分析检验变量间关系，回归模型显著（F = 113.574，$p < 0.001$），方程具有统计意义，交易型领导风格与组织情绪能力之间的标准化系数为 0.699，$p < 0.01$，回归系数显著，研究假设"交易型领导风格对组织情绪能力有显著正向影响"得到验证，自变量的 VIF 最大值为 1.115，小于临界值 10，不存在多重共线性问题。

第二个方程将交易型领导风格作为自变量，利用式创新作为因变量，在考虑控制变量（工作年限、岗位级别、企业属性）的情况下进行回归分析，结果发现，工作年限、岗位级别、企业属性对利用式创新没有显著影响作用，交易型领导风格标准化系数为 0.385，$p < 0.001$，回归系数显著，研究假设"交易型领导风格对利用式创新有显著的正向影响"得到验证。

第三个方程将组织情绪能力作为自变量，利用式创新作为因变量，通过回归分析发现，控制变量中的工作年限、岗位级别及企业属性的影响作用均不再显著，组织情绪能力对利用式创新的标准化回归系数为 0.575，$p < 0.001$，回归系数显著。

第四个方程将组织情绪能力与交易型领导风格同时放入与利用式创新的回归方程，数据运行结果显示，回归模型的 F 值为 48.294，模型累计解释因变量 33.6% 的方差，变量间不存在多重共线性（VIF 最大值为 1.979），组织情绪能力对利用式创新的标准化系数为 0.598，$p < 0.001$，回归系数仍然显著，交易型领导风格对利用式创新的标准化系数为 −0.033，$p > 0.05$ 与未放入组织情绪能力的方程（标准化系数为 0.385，$p < 0.01$）相比，回归系数不显著，因此，组织情绪能力在交易型领导风格与利用式创新之间起着完全中介作用。

表 6 – 25　组织情绪能力在交易型领导风格与利用式创新之间的中介作用检验

自变量	因变量 （组织情绪能力）		因变量 （利用式创新）		因变量 （利用式创新）		因变量 （利用式创新）	
	标准 β	t	标准 β	t	标准 β	t	标准 β	t
工作年限	− 0.019	− 0.541	− 0.053	− 1.188	− 0.041	− 1.044	− 0.042	− 1.056
岗位级别	− 0.003	− 0.076	− 0.050	− 1.104	− 0.047	− 1.187	− 0.048	− 1.205
企业属性	0.068 *	2.030	0.076	1.763	0.037	0.968	0.035	0.922
交易型领导风格	0.699 **	21.128	0.385 ***	9.040			− 0.033	− 0.620
组织情绪能力					0.575 ***	15.203	0.598 ***	11.281
调整后 R^2	0.490		0.155		0.337		0.336	
ΔR^2	0.495		0.162		0.342		0.343	
F	113.574		22.446		60.351		48.294	
Sig	0.000		0.000		0.000		0.000	
VIF 最大值	1.115		1.115		1.114		1.979	

注：* 表示 $p < 0.05$；** 表示 $p < 0.01$；*** 表示 $p < 0.001$。

6.3.5 集体主义的调节效应分析

6.3.5.1 集体主义在转换型领导风格与组织情绪能力之间的调节效应

基于前文对控制变量的分析，本小节以岗位级别和企业属性为控制变量，转换型领导的四维度（理想化影响、精神鼓舞、个别关怀、才智启发）作为自变量，集体主义导向作为调节变量，组织情绪能力作为因变量，采用层级回归分析方法对集体主义导向的调节效应进行检验。由表6-26可知，本研究中的各变量间不存在多重共线性，可进行层级回归分析。

表6-26　　　　　　　多重共线性检验（集体主义调节效应）

变量	第一步		第二步	
	TOL	VIF	TOL	VIF
岗位级别	0.989	1.011	0.983	1.017
企业属性	0.989	1.012	0.955	1.047
理想化影响			0.334	2.998
精神鼓舞			0.249	4.011
个别关怀			0.286	3.495
才智启发			0.237	4.227
集体主义导向			0.737	1.356

以转换型领导风格为自变量，组织情绪能力为因变量的多元回归分析结果见表6-27。表6-27模型1表示组织情绪能力对控制变量的回归，F值为0.912，$p < 0.001$，模型显著，其中，企业属性（标准 $\beta = 0.069$，$p < 0.05$）对组织情绪能力有显著的正向影响，这与前文的分析相一致。国有企业由于受到政策及传统观念的影响，对于新鲜事物的接

受程度和开放程度往往较低，与国有企业相比，民营企业及三资企业在对利润的追求及多种文化的混合冲击下，更加注重人性化的建设和企业软实力的提升，组织情绪能力也更强。岗位级别的影响作用不显著。控制变量的 VIF 最大值为 1.012，远小于临界标准 10，因此不存在多重共线性问题，调整后 $R^2 = 0.001$，该模型解释了组织情绪能力 0.1% 的方差。

表 6 – 27 模型 2 表示组织情绪能力对控制变量和自变量（转换型领导各个维度）的回归，F 值为 52.466，$p < 0.001$，模型显著，通过检验。其中理想化影响（标准 β = – 0.204，$p < 0.05$）对组织情绪能力有显著负向影响，精神鼓舞（标准 β = 0.341，$p < 0.001$）、个别关怀（标准 β = 0.385，$p < 0.001$）、才智启发（标准 β = 0.155，$p < 0.05$）对组织情绪能力有显著的正向影响，调整后 $R^2 = 0.435$，该模型解释了组织情绪能力 43.5% 的方差。

表 6 – 27 模型 3 表示组织情绪能力对控制变量、自变量（转换型领导风格各维度）及调节变量（集体主义导向）的回归，F 值为 60.624，$p < 0.05$，模型显著，通过检验。其中，企业属性（标准 β = 0.067，$p < 0.05$）对组织情绪能力的正向影响显著，岗位级别的影响不再显著。精神鼓舞（标准 β = 0.292，$p < 0.001$）、个别关怀（标准 β = 0.289，$p < 0.001$）、集体主义导向（标准 β = 0.308，$p < 0.001$）对组织情绪能力有显著正向影响，理想化影响（标准 β = – 0.134，$p < 0.05$）对组织情绪能力有显著负向影响，才智启发的影响作用不显著。模型的调整后 $R^2 = 0.505$，该模型解释了因变量 50.5% 的方差。

表 6 – 27 模型 4 表示组织情绪能力对控制变量（岗位级别、企业属性）、自变量（转换型领导风格各个维度）、调节变量（集体主义导向）、交互项（理想化影响 * 集体主义导向）的回归，F 值为 54.960，$p < 0.05$，该回归模型显著，通过 F 检验。其中，企业属性对组织情绪能力有显著的正向影响，岗位级别对组织情绪能力没有显著影响。理想化影响（标准 β = – 0.127，$p = 0.025$）对组织情绪能力有显著负向影响，精神鼓舞（标准 β = 0.296，$p = 0$）、个别关怀（标准 β = 0.28， p = 0）和集体主义导向（标准 β = 0.302，p = 0）对组织情绪能力有显著正向影响作用，才智启发（标准 β = 0.082，p = 0.219）的影响作用不显著，交互项（理想化影响 * 集体主义导向）对组织情绪能力的影响作用不显著（标准 β = 0.044，p = 0.191）。集体主义导向在理想化影响与组织情绪能力之间的调节效应未能验证。

表 6 - 27 模型 5 表示组织情绪能力对控制变量（岗位级别、企业属性）、自变量（转换型领导风格各个维度）、调节变量（集体主义导向）、交互项（精神鼓舞 * 集体主义导向）的回归，F 值为 54.960，p < 0.05，该回归模型显著，通过 F 检验。其中，企业属性（标准 β = 0.068，p = 0.039）对组织情绪能力有显著的正向影响作用，岗位级别（标准 β = - 0.012，p = 0.706）对组织情绪能力没有显著影响。精神鼓舞（标准 β = - 0.135，p = 0.494）、才智启发（标准 β = 0.09，p = 0.176）和集体主义导向（标准 β = - 0.216，p = 0.354）对组织情绪能力的影响作用不显著，理想化影响（标准 β = - 0.127，p = 0.024）对组织情绪能力有显著负向影响作用，个别关怀（标准 β = 0.259，p = 0）对组织情绪能力有显著的正向影响，交互项（精神鼓舞 * 集体主义导向）对组织情绪能力有显著的正向影响作用（标准 β = 0.811，p = 0.023），研究假设"集体主义导向正向调节精神鼓舞维度对组织情绪能力的影响"得以验证。表 6 - 27 模型 5 调整后 R^2 = 0.509，该模型共解释组织情绪能力 50.9% 的方差。

表 6 - 27 模型 6 表示组织情绪能力对控制变量（岗位级别、企业属性）、自变量（转换型领导风格各个维度）、调节变量（集体主义导向）、交互项（个别关怀 * 集体主义导向）的回归，F 值为 54.360，p < 0.05，该回归模型显著，通过 F 检验。其中，岗位级别、企业属性对组织情绪能力的影响均不再显著，理想化影响（标准 β = - 0.136，p < 0.05）对组织情绪能力有显著负向影响，精神鼓舞、个别关怀和集体主义导向对组织情绪能力有显著正向影响作用，才智启发（标准 β = 0.079，p = 0.235）对组织情绪能力的影响不显著，交互项（标准 β =

0.054，p=0.109）的影响作用不显著，集体主义对个别关怀和组织情绪能力之间的调节效应未得到验证。

表6-27模型7表示组织情绪能力对控制变量（岗位级别、企业属性）、自变量（转换型领导风格各个维度）、调节变量（集体主义导向）、交互项（才智启发 * 集体主义导向）的回归，F值为54.629，p < 0.05，该回归模型显著，通过F检验。其中，岗位级别、企业属性对组织情绪能力的影响均不再显著，理想化影响（标准 β = - 0.134，p < 0.05）对组织情绪能力有显著负向影响，精神鼓舞、个别关怀和集体主义导向对组织情绪能力有显著正向影响作用，才智启发（标准 β = 0.091，p=0.175）对组织情绪能力的影响不显著，交互项（标准 β = 0.064，p=0.053）的影响作用不显著，集体主义对才智启发和组织情绪能力之间的调节效应未得到验证。

表6-27　　　　　　　　　　集体主义的调节效应检验

	变量	模型 1	模型 2	模型 3	模型 4	模型 5	模型 6	模型 7
控制变量	岗位级别	- 0.020	- 0.020	- 0.018	- 0.019	- 0.012	- 0.022	- 0.019
	企业属性	0.069 *	0.051	0.067 *	0.066 *	0.068 *	0.061	0.062
自变量	理想化影响 LX		- 0.204 *	- 0.134 *	- 0.127 *	- 0.127 *	- 0.136 *	- 0.134 *
	精神鼓舞 GW		0.341 ***	0.292 ***	0.296 ***	0.308 ***	0.279 ***	0.293 ***
	个别关怀 GH		0.385 ***	0.289 ***	0.280 ***	0.259 ***	0.303 ***	0.278 ***
	才智启发 CZ		0.155 *	0.081	0.082	0.090	0.079	0.091
调节变量	集体主义导向 CM			0.308 ***	0.302 ***	0.300 ***	0.305 ***	0.304 ***
交互项	LX * CM				0.044			
	GW * CM					0.077 *		
	GH * CM						0.054	
	CZ * CM							0.064

续表

变量		模型 1	模型 2	模型 3	模型 4	模型 5	模型 6	模型 7
拟合指数	R^2	0.006	0.443	0.513	0.515	0.519	0.516	0.517
	调整 R^2	0.001	0.435	0.505	0.506	0.509	0.506	0.508
	ΔR^2	0.006	0.443	0.513	0.515	0.519	0.516	0.517
	F	0.912	52.466	60.624	54.162	54.960	54.360	54.629
	Sig	0.035	0.000	0.000	0.000	0.000	0.000	0.000

注：＊表示 $p < 0.05$；＊＊表示 $p < 0.01$；＊＊＊表示 $p < 0.001$。

为了进一步展示集体主义导向在转换型领导风格与组织情绪能力之间调节效应的影响模式，本研究做出交互效应图，黑色实线代表高集体主义组中精神鼓舞对组织情绪能力的影响关系，黑色虚线代表低集体主义组中精神鼓舞对组织情绪能力的影响，如果交互作用不存在，则两条曲线呈现平行趋势，若两曲线呈交叉趋势，则表明交互效应存在。如图6－1所示，集体主义导向在精神鼓舞维度与组织情绪能力之间起到了正向调节作用，对于集体主义导向较低的员工来说，来自上级领导的精神鼓舞行为对组织情绪能力起阻碍作用，对于集体主义导向较高的员工来说，上级领导的精神鼓舞对组织情绪能力有显著的促进作用。换言之，那些低集体主义导向的员工，他们对于来自上级领导的精神鼓舞并没有积极地回应，即使给予他们足够的鼓励和认可，较低的集体主义感也难以使他们协助组织提升情绪能力。

通过对转换型领导四个维度的回归分析，除了精神鼓舞维度以外，集体主义导向在其他三个维度与组织情绪能力之间的调节效应并不显著。将转换型领导风格看作一个整体自变量，组织情绪能力作为因变量，集体主义作为调节变量，检验集体主义在其与组织情绪能力之间的调节效应。

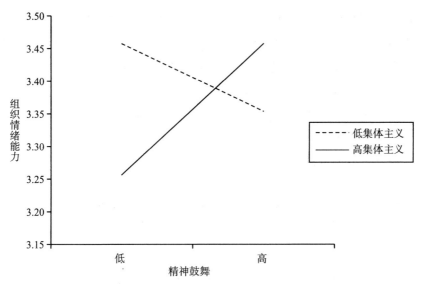

图 6 - 1　集体主义导向对精神鼓舞与组织情绪能力之间关系的调节作用

检验结果见表 6 - 28。表 6 - 28 模型 1 表示以岗位级别、企业属性为自变量，组织情绪能力为因变量的回归，结果显示，企业属性对组织情绪能力有显著正向影响，岗位级别有显著负向影响，控制变量共决定了组织情绪能力 0.1% 的方差；表 6 - 28 模型 2 是控制变量和转换型领导风格对组织情绪能力的回归，岗位级别和企业属性的影响作用不再显著，转换型领导风格（标准 $\beta = 0.623$，$p < 0.001$）能够正向影响组织情绪能力，调整后 R^2 为 0.387，改模型共解释组织情绪能力 38.7% 的方差，VIF 最大值为 1.013，小于标准值 10，各变量不存在多重共线性问题；表 6 - 28 模型 3 在表 6 - 28 模型 2 的基础上，将集体主义放入回归方程，结果显示，岗位级别的影响作用不显著，企业属性（标准 $\beta = 0.070$，$p < 0.05$）、转换型领导（标准 $\beta = 0.465$，$p < 0.001$）和集体主义（标准 $\beta = 0.349$，$p < 0.001$）均对组织情绪能力有显著正向影响作用，模型共决定组织情绪能力 48.8% 的方差；表 6 - 28 模型 4 将控制变量、转换型领导风格、集体主义导向以及交互项（转换型领导风格 * 集体主义导向）放入回归方程，结果显示，岗位级别的影响作用不显著，

企业属性（标准 β = 0.066，p < 0.05）、转换型领导（标准 β = 0.469，p < 0.001）、集体主义导向（标准 β = 0.341，p < 0.001）对组织情绪能力有正向影响作用，转换型领导与集体主义导向的交互项（标准 β = 0.072，p < 0.05）正向影响作用显著，验证了"集体主义导向在转换型领导风格与组织情绪能力关系之间的正向调节效应"，VIF 最大值为 1.28，各变量不存在多重共线性问题，调整后 R^2 为 0.487，该模型共解释了组织情绪能力 48.7% 的方差。

表6 - 28   集体主义在转换型领导风格与组织情绪能力之间的调节效应检验

变量		模型 1		模型 2		模型 3		模型 4	
		标准 β	t	标准 β	t	标准 β	t	标准 β	t
岗位级别		- 0.020	- 0.426	- 0.016	- 0.443	- 0.014	- 0.414	- 0.014	- 0.428
企业属性		0.069 *	1.479	0.047	1.288	0.07 *	2.087	0.066 *	1.973
自变量	转换型领导 ZH			0.623 ***	17.17	0.465 ***	12.453	0.469 ***	12.58
调节变量	集体主义导向 CM					0.349 ***	9.32	0.341 ***	9.095
交互项	ZH * CM							0.072 *	2.162
拟合指数	R^2	0.006		0.392		0.488		0.493	
	调整 R^2	0.001		0.387		0.483		0.487	
	ΔR^2	0.006		0.392		0.488		0.493	
	F	0.912		74.815		88.300		74.947	
	Sig	0.035		0.000		0.000		0.000	
	VIF 最大值	1.012		1.013		1.268		1.280	

注：* 表示 p < 0.05；** 表示 p < 0.01；*** 表示 p < 0.001。

图 6 - 2 展示了集体主义导向在转换型领导风格与组织情绪能力之间的调节效应，如图 6 - 2 所示，集体主义导向在转换型领导风格与组织情绪能力之间起到了正向调节作用，对于高集体主义导向的员工来说，转换型领导有利于组织情绪能力的提升，领导者对下属的关怀使个

体感受到来自组织的温暖，在精神上的鼓舞能增强下属的工作积极性，领导者个人的模范典型形象使员工自愿追随，提升组织凝聚力，有利于组织情绪能力的提高。

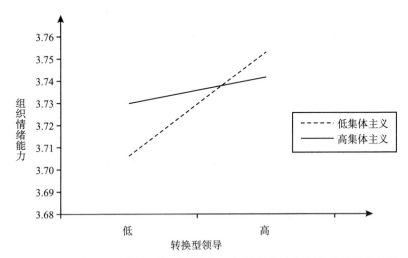

图 6 - 2 集体主义对转换型领导风格与组织情绪能力之间关系的调节作用

6.3.5.2 集体主义在交易型领导风格与组织情绪能力之间的调节效应

将交易型领导风格作为自变量，组织情绪能力作为因变量，集体主义导向作为调节变量，在考虑控制变量（岗位级别、企业属性）的情况下，采用多层线性回归分析方法检验变量间关系及验证研究假设。

检验结果见表 6 - 29。表 6 - 29 模型 1 表示以岗位级别、企业属性为自变量，组织情绪能力为因变量的回归，F 值为 0.912，$p < 0.05$，回归方程显著，结果显示，企业属性（标准 $\beta = 0.069$，$p < 0.05$）对组织情绪能力有显著正向影响，性别、岗位级别的影响作用不显著，控制变量共决定了组织情绪能力 0.1% 的方差。

表 6 - 29 模型 2 表示控制变量和交易型领导风格对组织情绪能力的回归，F 值为 116.127，$p < 0.001$，回归方程显著，性别（标准 $\beta = 0.077$，$p < 0.05$）、企业属性（标准 $\beta = 0.071$，$p < 0.05$）对组织情绪能力有显著

的正向影响，岗位级别的影响作用不再显著，转换型领导风格（标准 $\beta = 0.710$，$p < 0.001$）组织情绪能力有显著正向影响作用，表 6 – 29 模型 2 调整后 R^2 为 0.496，该模型解释组织情绪能力 49.6% 的方差，VIF 最大值为 1.020，小于标准值 10，说明各变量不存在多重共线性问题，研究假设"交易型领导风格能够正向影响组织情绪能力"得到验证。

表 6 – 29 模型 3 在表 6 – 29 模型 2 的基础上，将集体主义放入回归方程，F 值为 105.784，$p < 0.001$，回归方程显著，结果显示，控制变量中，企业属性（标准 $\beta = 0.082$，$p < 0.05$）能够正向影响组织情绪能力，岗位级别的影响作用不显著，交易型领导（标准 $\beta = 0.579$，$p < 0.001$）和集体主义（标准 $\beta = 0.224$，$p < 0.001$）均对组织情绪能力有显著正向影响作用，调整后 R^2 为 0.528，模型共决定组织情绪能力 52.8% 的方差，研究假设"集体主义导向能够正向影响组织情绪能力"得到验证。

表 6 – 29 模型 4 将控制变量、交易型领导风格、集体主义导向以及交互项（交易型领导风格＊集体主义导向）放入回归方程，F 值为 88.461，$p < 0.001$，回归方程显著，结果显示，企业属性（标准 $\beta = 0.077$，$p < 0.05$）对组织情绪能力有正向影响作用，交易型领导（标准 $\beta = 0.572$，$p < 0.001$）与集体主义导向（标准 $\beta = 0.228$，$p < 0.001$）对因变量的影响作用仍然显著，交易型领导与集体主义导向的交互项对组织情绪能力的影响作用不显著，"集体主义导向在交易型领导风格与组织情绪能力关系之间的正向调节效应"未得到验证。

表 6 – 29　集体主义在交易型领导风格与组织情绪能力之间的调节效应检验

变量		模型 1		模型 2		模型 3		模型 4	
		标准 β	t	标准 β	t	标准 β	t	标准 β	t
岗位级别		− 0.020	− 0.426	0.002	0.053	0.001	− 0.005	0.000	− 0.012
企业属性		0.069 *	1.479	0.071 *	2.164	0.082 *	2.571	0.077 *	2.384
自变量	交易型领导 JY			0.710 ***	21.426	0.579 ***	14.657	0.572 ***	14.376

续表

变量		模型1		模型2		模型3		模型4	
		标准 β	t	标准 β	t	标准 β	t	标准 β	t
调节变量	集体主义导向 CM					0.224 ***	5.718	0.228 ***	5.791
交互项	JY * CM							0.038	1.181
拟合指数	R^2	0.006		0.500		0.533		0.535	
	调整 R^2	0.001		0.496		0.528		0.529	
	ΔR^2	0.006		0.500		0.533		0.535	
	F	0.912		116.127		105.784		88.461	
	Sig	0.035		0.000		0.000		0.000	
	VIF 最大值	1.012		1.020		1.545		1.573	

注: * 表示 p < 0.05; ** 表示 p < 0.01; *** 表示 p < 0.001。

6.4 检验结果的进一步讨论

根据上文中对相关性检验、中介检验及调节效应分析的结果，研究假设的结果汇总见表 6 – 30。

表 6 – 30　　　　　　　　假设检验结果汇总表

研究问题	序号	研究假设	检验结果
Q1：转换型领导和交易型领导如何激发组织创造力	H1	转换型领导对组织创造力具有正向影响	支持
	H1 – 1	精神鼓舞对组织创造力具有正向影响	支持
	H1 – 2	理想化影响对组织创造力具有正向影响	不支持
	H1 – 3	个性化关怀对组织创造力具有正向影响	不支持
	H1 – 4	才智启发对组织创造力具有正向影响	支持
	H2	交易型领导对组织创造力具有正向影响	支持
	H3	相对于交易型领导，转换型领导对组织创造力的正向影响作用更大	支持

续表

研究问题	序号	研究假设	检验结果
Q2：转换型领导和交易型领导对探索式/利用式创新的影响	H4	转换型领导对探索式创新具有正向影响	支持
	H5	转换型领导对利用式创新具有正向影响	支持
	H6	交易型领导对探索式创新具有正向影响	支持
	H7	交易型领导对利用式创新具有正向影响	支持
Q3：组织情绪能力在领导风格与企业创新之间是否扮演中介角色	H8	组织情绪能力在转换型领导风格和探索式创新之间起中介作用	支持
	H9	组织情绪能力在转换型领导风格和利用式创新之间起中介作用	支持
	H10	组织情绪能力在转换型领导风格和组织创造力之间起中介作用	支持
	H11	组织情绪能力在交易型领导风格和探索式创新之间起中介作用	支持
	H12	组织情绪能力在交易型领导风格和利用式创新之间起中介作用	支持
	H13	组织情绪能力在交易型领导风格和组织创造力之间起中介作用	支持
Q4：集体主义导向在转换型领导与组织情绪能力之间、交易型领导与组织情绪能力之间是否起到调节作用	H14	集体主义导向在转换型领导与组织情绪能力之间起调节作用	支持
	H14－1	集体主义导向在理想化影响与组织情绪能力之间起调节作用	不支持
	H14－2	集体主义导向在精神鼓舞与组织情绪能力之间起调节作用	支持
	H14－3	集体主义导向在个别关怀与组织情绪能力之间起调节作用	不支持
	H14－4	集体主义导向在才智启发与组织情绪能力之间起调节作用	不支持
	H15	集体主义导向在交易型领导与组织情绪能力之间起调节作用	不支持

6.4.1 获得支持的研究假设

研究结果表明，第一组研究问题 7 个研究假设中有 5 个假设获得了支持。分别为 H1：转换型领导对组织创造力具有正向影响，因素负荷量为 0.531（p<0.001）；H1-1：精神鼓舞对组织创造力具有正向影响，因素负荷量为 0.452（p<0.001）；H1-4：才智启发对组织创造力具有正向影响，因素负荷量为 0.253（p<0.001）；H2：交易型领导对组织创造力具有正向影响，因素负荷量为 0.444（p<0.001）；H3：相对于交易型领导，转换型领导对组织创造力的正向影响作用更大。因此，转换型领导（理想化影响、精神鼓舞、才智启发、个别关怀）和交易型领导对组织创造力的影响作用基本得到验证。

第二组研究问题中 4 个研究假设全部得到支持，分别为 H4：转换型领导对探索式创新具有正向影响，因素负荷量 0.492（p<0.001）；H5：转换型领导对利用式创新具有正向影响，因素负荷量 0.506（p<0.001）；H6：交易型领导对探索式创新具有正向影响，因素负荷量 0.433（p<0.001）；H7：交易型领导对利用式创新具有正向影响，因素负荷量 0.385（p<0.001）。两种领导风格对探索式创新和利用式创新的影响作用得到了验证。

第三组研究问题中 6 个研究假设全部得到支持，分别为 H8：组织情绪能力在转换型领导与组织创造力之间起中介作用；H9：组织情绪能力在转换型领导与探索式创新之间起中介作用；H10：组织情绪能力在转换型领导与利用式创新之间起中介作用；H11：组织情绪能力在交易型领导与组织创造力之间起中介作用；H12：组织情绪能力在交易型领导与探索式创新之间起中介作用；H13：组织情绪能力在交易型领导与利用式创新之间起中介作用。因此，组织情绪能力在两种领导风格与企业创新之间的中介作用得到了验证。

第四组研究问题 6 个研究假设中有 2 个假设获得了支持，分别为

H14：集体主义导向会正向调节转换型领导与组织情绪能力之间的关系；

H14 - 2：集体主义导向会正向调节精神鼓舞与组织情绪能力之间的关系。说明在中国集体主义文化背景下，转换型领导对组织情绪能力的正效应更强。

6.4.2　未获得支持的研究假设

6.4.2.1　第一组研究问题中未获得支持的假设

根据实证研究结果，第一组研究假设中，H1 - 2：理想化影响对组织创造力具有正向影响；H1 - 3：个别关怀对组织创造力具有正向影响，均没有得到验证。结果显示理想化影响和个别关怀对组织创造力的影响作用未达显著。理想化影响和个别关怀是转换型领导的两个维度，理想化影响是指领导者通过为下属描述美好的未来愿景和长远的发展目标来激励下属工作，通过树立自身的道德典范形象激发下属崇拜和自愿追随。个别关怀是指领导者注重满足下属的情感需求和生活需求，并在个人工作规划和发展上给予指导。通常学者认为，转换型领导的理想化影响和个别关怀能够激发下属的创新行为，有利于提高组织的整体创造力水平，如杨春江和冯秋龙等（2015）认为转换型领导为下属树立创造性行为榜样和明确的创新目标，可以提升下属的创造动机，避免创新工作的不确定性；领导者对下属的关怀和支持有助于克服面对创造性工作的迷茫和恐惧，促进创造力的产生（Gong et al.，2009）。

本书的研究结果并未验证以上结论，究其原因，本研究认为一方面转换型领导水平的高低可能是影响组织创造力的一个因素，对于从事创造性工作的员工而言，需要高度的自主权和独立思考的空间，如果转换型领导的管理水平并不高，那么领导者为员工设立的创新工作目标和自身的典范魅力影响可能会成为一种束缚和干涉，所描述的发展愿景也无法激发员工的认同感和承诺，由于员工的独立思维和自由受到限制，对发展目标也缺乏认可和动力，可能会造成理想化影响和个别关怀对创造力的阻碍。另一方面，对于创造力工作本身而言，会受到多方面因素的影响，也会存在其他的因素直接影响组织创造力或者通过与转换型领导的交互作用影响创造力的产生。转换型领导通过榜样、远景和关心等激励方式可能给下属带来一种柔性压力，伴随创新工作本身的挑战性和未知性，这种挑战与压力并存的感知对于不同创新水平的员工作用可能不同，如果员工的创新技能和创造力水平不高，这种挑战会使员工在转换型领导的压力之下退缩和畏手畏脚，导致创新工作停滞不前，反而不利于组织创造力的提升。

6.4.2.2 第四组研究问题中未获得支持的假设

第四组研究假设中有 4 个假设未获得支持，包括 H14 – 1：集体主义导向正向调节理想化影响与组织情绪能力之间的关系；H14 – 3：集体主义导向正向调节个别关怀与组织情绪能力之间的关系；H14 – 4：集体主义导向正向调节才智启发与组织情绪能力之间的关系；H15：集体主义导向正向调节交易型领导与组织情绪能力之间的关系。

关于情绪能力的研究在心理学和组织行为学领域都受到广泛关注，但以往研究大多关注个体和团队层面的情绪能力问题，而组织层面的情绪能力研究在国内尚属于理论探讨阶段，关于组织情绪能力前因变量的实证研究并不多见。组织情绪能力与文化背景存在密切联系，西方崇尚个人英雄主义，其文化背景下的研究结论虽然证实组织情绪能力与日常工作中领导者给予的反馈有关系，组织内积极的情绪状态能够协助转换型领导更好地带领下属开展互动活动（Amabile，2005；刘小禹等，2011），但在中国集体主义文化背景下这样的结论是否同样适用在实证研究方面的欠缺支持，仅有的研究如孙锐和赵晨（2016）认为战略人力资源管理能够正向影响组织情绪能力，组织部门间心理安全在此关系中能起到调节的作用。

集体主义导向环境下组织领导者的理想化影响能够通过自身的典范作用获得下属的自愿追随，有利于增强组织凝聚力及组织内情绪状态的协调统一。实证研究结果显示，集体主义导向对组织情绪能力有显著正向影响（$\beta = 0.308$，$p < 0.001$），理想化影响对组织情绪能力的负向影

响显著（$\beta = -0.204$，$p < 0.05$），但是集体主义导向和理想化影响的交互项对组织情绪能力的影响不显著，即集体主义导向在转换型领导的理想化影响维度与组织情绪能力之间的正向调节效应不显著。集体主义导向环境下转换型领导通过针对下属的个性化关怀，增加上下级之间的情感紧密度和下属的组织忠诚度，有利于维持组织内情绪状态的稳定性。本书实证分析结果显示，个别关怀对组织情绪能力有显著的正向影响（$\beta = 0.385$，$p < 0.001$），但是集体主义导向与个别关怀的交互项对组织情绪能力的影响作用不显著，即集体主义导向在转换型领导的个别关怀维度与组织情绪能力之间的调节效应不显著。集体主义导向下，转换型领导通过才智启发能够开阔下属的思维空间，通过思想火花的碰撞将个人想法汇聚成集体智慧，提高组织的整体能力，这其中也包括情绪调控方面的能力。实证结果显示，才智启发对组织情绪能力有显著的正向影响（$\beta = 0.155$，$p < 0.05$），但是集体主义导向与才智启发的交互项对组织情绪能力的影响作用不显著。交易型领导主张用薪酬和福利换取员工的积极工作，这种绝对公平的管理方式使员工会毫无怨言地付出努力，做出符合组织规范的行为，有利于组织内的情绪稳定。实证研究发现，交易型领导对组织情绪能力有显著的正向影响（$\beta = 0.710$，$p < 0.001$），但是集体主义导向和交易型领导的交互项对组织情绪能力的影响作用不显著。

集体主义导向在转换型领导的理想化影响维度、个别关怀维度、才智启发维度，交易型领导与组织情绪能力关系中的调节效应不显著，究其原因本书认为：

首先，本书的调查对象是中国的汽车制造行业，基于中国传统文化背景的影响，中国企业深受儒家文化的熏陶，讲究"和为贵"，集体主义价值观早已深入人心。在调查过程中本书发现，许多企业的组织文化中，早已将和谐、统一、团结、凝聚这种带有集体主义色彩的概念纳入其中。

其次，转换型领导的个别关怀、理想化影响等本身就能够促进组织成员情感交流和紧密团结，转换型领导本身就体现了集体主义的导向，而交易型领导这种雇佣合同式的打赏方式使下属用最直接和最简单的方式机械式地完成工作，不会尝试头脑风暴等多人协作的沟通交流方式解决问题，因此组织内的情绪状态可能是消极的。组织情绪能力的形成是复杂和长期的过程，除了领导风格，可能还会有其他因素产生影响作用，因此，两种领导风格可能与集体主义导向之间存在联动作用，在此过程中，存在未知的因素，如组织结构、外部环境等，会影响转换型领导风格和交易型领导风格对组织情绪能力的作用关系。

最后，本书认为转换型领导的理想化影响维度、个别关怀维度、才智启发维度及交易型领导对组织情绪能力的影响效果可能受到领导替代因素或者抵销因素的影响，在某些状况下，领导者的影响力可能会受到阻碍或者取代，使其领导行为效果不发生作用或者变得不易发挥（Fisher，2000）。比如个人工作技能、工作环境、文化背景等，都有可能干扰转换型领导和交易型领导与组织情绪能力之间的关系，在存在领导替代因素的情况下，领导风格对组织情绪能力的影响就会变弱，领导替代就可能发生，从而降低领导者的影响力。而集体主义导向有可能起到了替代或者抵销的作用，作为独立的因素对组织情绪能力产生作用，实证研究也证实集体主义导向对组织情绪能力有正向影响作用。因此，本书认为，对于组织情绪能力前因变量的研究中，应该考虑外部环境、组织结构、员工个人特质、资源配置、组织学习等其他因素的影响作用，逐步完善组织情绪能力形成过程的相关研究。

6.5 本章小结

本章在描述性统计分析和相关分析的基础上，针对本书提出的理论模型和相关假设进行了检验，主要包括对组织情绪能力的中介效应检验和集体主义导向的调节效应检验。检验结果表明，本书提出的 23 个研究假设中，有 17 个得到了支持，6 个没有得到支持，表明本书假设模型具有较好的理论稳定性。

第 7 章

提升企业创新能力的对策研究

根据第 6 章假设检验的结果，组织情绪能力在领导风格与企业创新的关系中起到中介作用，因此通过调整领导方式以提高企业的情绪能力，进而促进企业创新水平的提升，对企业的持续发展至关重要。

人是创新的载体，也是实现创新成果的最小单位，在实际工作中，领导者的言行对员工的创新工作具有直接的影响作用。转换型领导是一种情感性领导，其管理方式更注重与员工之间的情感交流，没有对工作或工作背景方面的情感联系，企业将难以调动员工的工作动机和参与积极性，对那些能够体现和释放员工情感和特性的工作，如创新工作尤其如此。不论在汽车行业还是其他行业，对创新工作而言，情绪问题不但阻碍了企业健康和谐发展，还导致工作效率低下，影响创新的进度。本章从企业的情绪能力和领导风格两方面，对提升企业创新提出了相应的对策措施。

7.1　重视企业内组织情绪能力的提升

7.1.1　通过情感激励激发员工内在工作动机

按照马斯洛的需求层次理论，情感需求属于精神层次的需求，很难通过具体的规章制度和标准来实体化。通过实地调研访谈，本书发现，多数企业都将研发部门放在企业的核心位置，薪酬待遇也处于整个企业的较高水平，员工对于物质方面的需求基本能得到满足，但是各个企业的研发中心和技术部门还是存在人员流失、工作倦怠等现象，说明导致出现上述问题的根源已经不再是传统意义上人们理解的待遇问题。通过给予员工与工作成果等值的报酬，只能够满足员工低层次的需求，减少员工对薪酬、福利、工作环境等方面的抱怨，在一定程度上能够保持员工队伍的稳定性。但是对于从事研发创新工作的高知群体而言，他们不会仅仅满足于金钱和福利方面的条件，可能对于自我实现有更高的追求。企业中很大一部分创新工作跳出了单纯完成既定任务的圈子，需要员工超越工作职责，甚至突破常规，才有可能实现。因此，在满足员工物质上的需求之外，必须通过激发起员工更高的、精神层面的需求并使其得到满足才更能促使员工创造力的产生，进而提高创新能力。

不同于物质激励，中国企业在情感激励方面还存在很多问题，比如在研发工作上，大家对于成功能够做到认可和奖赏，但对于创新工作的失败能够做到包容和鼓励的却不多。一方面，创新工作是一个漫长而又充满风险的工作，作为一个有情感和情绪的人来说，如果没有足够的情感支持，很难在艰难和波折的创新工作中坚持下来，加之对于创新失败后可能受到惩罚的担心，这些顾虑和焦虑都有可能影响员工创造力的发挥。因此，企业对于研发项目失败必须有一定的容忍度，同时要给予研发人员足够的信任和认可，以避免他们在项目失败时产生自我否定和消极情绪。另一方面，对于创新型企业来说，如果创新项目出现失败，一部分原因可能是企业的初期立项上出现了问题而不是个人的研发技术问题，企业自身对于创新项目的风险评估、外部环境的变化、竞争对手的策略等也是影响创新项目能否成功的一个因素，因此企业除了要有包容失败的魄力，还要有勇于承担风险的勇气，使员工在没有压力负担和愉悦轻松的情绪环境中开展创新工作。

7.1.2　建立项目团队增进员工情感交流

由于制造业涉及的产品门类多、范围广，所以多数制造企业的技术中心和研究所下设的部门划分细致，以某汽车制造企业的技术中心为例，就划分为动力院、重卡院、轻卡院、车身院、传动院、基础研发部、信息化部等十几个部门，每个部门还下设几个研究所，分工的精细化程度非常高，有利于员工在擅长的领域进行深入研究，但同时也存在弊端，如：不利于跨部门员工之间的技术交流、员工的专业技能不够全面、员工之间的情感沟通渠道有限等。汽车制造是一个产品集成化的过程，需要多种工艺和技术的精诚合作才能实现过程中的创新，实证研究也证实，组织情绪能力的合作交流维度、情感体验维度、身份识别维度能够正向影响组织创造力。因此，在企业的研发工作中，采用项目制的方式可以有效地增强创新型团队成员间合作意识、彼此间价值观认同，有助于增进成员间情感亲密度，提高企业整体的情绪能力。项目团队内的成员来自不同的职能部门，不同的专业领域，有各自特长之外，根据本书结论，还可以进行年龄搭配，如对于工作十年以上的员工可以从事整体设计、工艺设计、总体协调等综合性强的工作，新入职员工从事探索性、操作性工作，工作 5 年左右、创新能力较强的员工承担项目的关键研发工作。团队成员要对该项目具有一定的兴趣和激情，项目团队的研发工作是整体协调、同步推进的过程，企业应该赋予项目团队高度的工作自治性和决策参与权，同时也要求团队成员承担相应责任，增强研发过程中的人性化、柔性化和多元化。在工作安排、工作方式和工作监督上实行有弹性的分散化管理，增强工作的灵活性和自由度，营造自由舒适的工作氛围。待新产品经过验证并形成量产后，团队成员再返回各自工作岗位。企业应该强调团队成员的角色各异与专业互补，并具有清晰的技能和良好的整体素质，能够充分发挥群体层次上的团队效应，能通过集体活动增加团队的内聚力。借助项目研发过程，可以实现技术人员的成长，将团队打造成创新人才孵化器。在项目团队领军人才选择上应强调管理经验和沟通技能比专业知识和行政权威更为重要，即选择有转换型领导风格的项目团队领军人才，利用领军人才的管理方式和特点，调动项目团队的工作情绪，在项目团队中营造一个轻松和谐的氛围，引导内部情绪氛围向有利于创新的方向发展，提高组织创造力。

7.1.3　营造有利于企业情绪能力建设的工作氛围

在工作中，员工能否实现创新，组织情绪能力起到非常关键的作用，作为组织情绪能力的重要维度，环境氛围会对创新产生重要的影响。技术研发创新本身是一项压力大风险高的工作，从事研发工作的员工为了新技术和新工艺的成功往往需要加班加点，工作占据了员工一天中大部分的时间和精力，因此，与什么样的同事一起工作、接受什么样的领导管理就十分重要。中国的传统文化讲究中庸、和谐、内敛，强调安守本分和团结统一，但是创新的过程必然伴随着失败和未知，如果员工缺乏锐意进取、艰苦探索和敢于冒险的精神，则很难在这个过程中坚持下来取得成果，这些可能和保守的传统观念相冲突，因此，企业要灵活的调整内部工作氛围和环境，为员工构建自由宽松的工作空间，提供充足的学习培训机会和创新资源，鼓励冒险、容忍失败。同时企业构建的环境氛围要能够让员工切实感觉得到，而不仅仅成为墙上的口号、纸上的文字，只有使员工沉浸在鼓励创新的氛围内，才能克服传统文化和个人因素的影响，不断涌现创新成果。这种企业氛围往往不是短期内形成的，需要长期的企业文化积淀，许多企业在选人、用人和育人上就开始为后来的企业发展夯实基础。

通过上面研究证实，集体主义导向会正向调节转换型领导对组织情绪能力的影响作用，而组织情绪能力越强，其组织创造力水平也越高，因此，集体主义较强的员工往往能为企业带来更大的创新绩效。所以企业在选拔新进员工方面，应关注个人的文化背景，尽量遵循来源多元化原则，在面试中要充分考虑个人与公司价值观匹配，除了对学历、专业等限制外，更注重其对新技术、新技能的掌握程度，以及实际应用能力，特别强调个人的科研兴趣、自我效能感、前期工作评估、团队合作精神、承压能力、自我学习等多方面素质。在实习阶段，技术研发部领导和相关管理人员要进行充分考察，考察内容主要是员工的性格特点、合作精神和工作态度，从源头上保证企业研发人员的整体素质，有效避免日后工作中由于员工性格缺陷、价值观等原因影响团队整体的研发效率和创新能力。

7.1.4　正确引导企业内部集体主义价值观念

本书的结论表明，集体主义导向在转换型领导风格与组织情绪能力之间扮演调节角色。在集体主义导向较强的企业环境下，转换型领导风格能够更好的提升企业的组织情绪能力，而低集体主义导向下的企业环境，转换型领导风格对企业组织情绪能力的促进作用会弱一些。集体主义虽然属于宏观文化层面，但是一个企业仍然可以通过内部的文化建设和制度建设使员工在这方面的导向性加强。对于企业管理者而言，需要做的是充分认识并合理运用这一作用机制，提升转换型领导的管理效率和企业创新能力。因此，管理者要采取积极的措施发扬中国传统集体主义文化价值观导向对组织情绪能力的正向调节作用，规避其对企业情绪能力的不利影响，从而进一步提升企业的创新能力。

具体而言，管理者可以从以下几个方面着手：第一，树立组织的共同愿景，加强集体主义精神教育，培养员工对组织的归属感，提高员工对集体的认同，使员工自觉维护集体利益，实现集体目标；第二，倡导平等思想，建立扁平化的组织机构，增进上下级之间沟通交流，采取转换型的领导方式，打破权力等级，引导企业建立和谐的人际氛围，引导员工对"和而不同"的真正和谐精神的追求；第三，制定和实施相关制度时，要充分考虑中国的人情因素，尽可能做到情（人情）与法（法制）相统一，发挥情感因素的积极作用；第四，企业也可以采用一些具体的措施来培养和提高企业成员的集体主义导向水平，比如定期举办文化讲座、团体出游等集体活动，鼓励对组织运行有效的非正式群体，开展多样化的群体活动以加深员工之间的认可和合作等。

7.2 加强企业领导的管理能力建设

7.2.1 增强领导者管理水平的自我修炼

企业的持续发展和创新水平的高低与领导者的引领作用密不可分，作为企业的"领头羊"，领导者要不断提升自我修养，运用自身魅力和真才实学感染员工，使员工能够心悦诚服地自愿追随。作为研发项目的带头人，要做到以下几点。

首先，管理者要有一定的魄力和勇气，能够敢于承担创新过程中的风险和压力，允许员工试错，包容员工的失败，敢于承担研发失败带来的后果，使员工在踏实放松的情境下开展工作，为员工的创新工作提供环境保障。管理者的这种行为能否奏效，关键还要看员工是否能够感知到领导的意图，所以管理者一定要将行为落到实处，只有员工真切感受到发生在他们身边的事情，才能在日常工作中放开手脚，专心研发。

其次，领导者可以为员工设定阶段性目标，对每一个目标的达成和关键性成果的取得给予嘉奖，对研发人才的工作给予适当的认可和鼓励。技术研发工作漫长而高压，员工很难保证自己能够从一而终坚持到底，当工作遇到困难并难以克服时，很容易产生自我怀疑的情绪，所以来自管理者的信任和鼓励十分重要。企业领导者在日常管理中要注重通过调动情绪培养创新人员的研发耐心和企业的组织耐性，这种耐性能够帮助企业在困难环境中坚定信念，为完成目标付出努力。

最后，管理者要尽最大努力提高研发人员的工作满意度，解决生活上的后顾之忧，树立工作岗位自豪感。实现个人发展是公司福利的主要目的，企业对于研发人员的福利保障可采取物质与精神相结合，以物质为主的方式。例如，可制定创新收益提成方案，如果员工的创新性工作为公司产生了收益，那么参与研发的人员就会有权取得新增收益中一定比例的提成。针对骨干研发人员，建立技术创新专家表彰、公司内部院士和荣誉制度，对在产品创新上有突破的团队和个人进行物质和精神奖励，包括奖金、奖品、旅游、培训机会等，同时在公司内部刊物或公共媒体上进行宣传报道。在公司评选先进个人、参加活动时，专门为研发人员留出较多名额，表现出公司对创新研发工作的重视，提高研发人员的优越感。

7.2.2 搭建注重创新型人才培养的领导团队

企业领导者的管理风格和管理决策都会影响整个企业的发展方向，领导者的言行是企业内下属的榜样和风向标，对于科技创新型企业来说，在对领导班子的选择和组建过程中，要重点考察管理者对于创新的管理理念和方针制定上是否与企业的理想目标相一致。企业管理者应关注创新型人才的培养，把培训作为对研发人员的福利，提供多层次的人才培育计划与专家个性辅导相结合的人才发展方案，一方面提升员工工作技能，另一方面有利于良好企业文化的传承。由于创新工作的特殊性、复杂性和产出不可控的特点，管理者应该适当的授权并赋予员工在具体流程上的自由度和决定权，提供在日常工作场所中的学习机会和沟通平台，同时在企业内外开展推动创新的培训活动。在企业外部，不定期组织参加各种技术前沿专题培训，甚至出国进行技术交流，参加学术会议和论坛等，帮助员工及时掌握新知识、新技能与技术能力升级；或者由企业支付学费，为有进步意愿的员工提供长期脱岗培训，鼓励其获得相应学历学位或专业技术认证。在企业内部,由企业自身的技术专家担任讲师,为新入职员工进行技能培训,帮助员工熟悉研发流程和技术方法。可采取传帮带的专家辅导制度,由同一项目团队中资历较深的专家承担起为年轻员工进行技术指导、答疑解惑、提供专业咨询的任务,传帮带的导师制度有利于组织内部隐形工作经验和核心技术的传承,保持企业技术创新的自生能力。

7.2.3 发挥领导者在企业创新中的核心作用

领导者是决定企业创新能力的重要前因变量。领导风格与企业创新的关系模型结果显示,转换型领导风格和交易型领导风格由于其自身的种种有利于创新的行为,通过影响组织情绪能力间接促进企业创新结果的形成。因此,配置和培养适合的组织领导者,是成功实施创新的关键因素。

创新工作中,要重视企业领导者的情绪管理,领导者对于组织内情绪氛围的管理能力,直接决定了内部整体的行为整合程度,进而影响内部的集体主义价值观导向,最终影响企业的创新。因此,企业内领导班子自身的情绪管理水平直接关系到能否发挥成员的创新潜力,必须予以重视。通过相应的管理手段,可以最大限度地发挥领导者在企业创新中的核心作用,比如为组织内部的情感交流创造条件,构筑资源,建立学习型组织;为组织内部的创新成果建立合理的评价标准,并以此标准进行奖励等,同时,作为领导者,在面临研发困境时,始终要保持对创新工作的信心,怀着积极的心态鼓舞员工克服困难。

7.2.4 权变的选择适合企业发展的领导风格

转换型领导与交易型领导既有区别又有联系,二者并不是截然对立的。转换型领导是建立在交易型领导基础之上的,简单来说,交易型领导属于传统的胡萝卜加大棒的管理方式，领导者通过薪酬、福利、晋升等利益获取员工的努力工作，这种方式能够保持企业整个状态的稳定性，在一定程度上减少人员流失。相较于交易型领导，转换型领导能够通过对下属的鼓舞和认可、企业发展愿景的认同等方式提升工作积极性，努力达成更高标准的目标，同时通过满足不同员工的个性化需求，指导员工改进思维模式提升操作技能，因此，转换型领导更适应创新的高压环境和达成有效的激励。

实证研究结果也证实，相比于转换型领导风格，交易型领导风格对于企业的创造力和探索式创新、利用式创新同样具有促进作用，只不过转换型领导对企业创新的影响作用更强，例如本书调研的某汽车零部件生产企业，在某些情境下仍然要重视交易型领导的作用。许多企业对于员工的管理方式比较粗犷，人性化管理和科学管理的意识还比较弱，不能盲目地追求表面上的转换型领导风格，而忽视员工最基本的物质需求。如果员工基本生活保障都没有满足，何谈鼓励和认可的作用呢？企业要保持持续的竞争优势就要不断挖掘内在创新潜力，充分激发员工创新，但创新是一种自发性行为，单靠简单的强制手段是无法实现的，因此，优秀的领导者应该兼具转换型领导和交易型领导的特点，交易型领导设立明确的工作目标和合理的奖罚体系以满足员工基本的物质生活需求，转换型领导通过与员工分享企业愿景、解决创新困难、激发员工潜能等来激发员工工作动力。由于探索式创新和利用式创新各自的特点，适合的情境和所需要的资源各不相同，因而领导者的不同领导风格对两种创新行为的作用也会有差异。我们建议管理者了解领导风格对不同创新行为的影响，明确企业的创新战略重点并判断当前领导风格是否适合，在交易型领导的基础上又具有转换型领导的管理方式，善于在不同的管理情境中权变的选择适合的管理风格，而不是一味地致力于某种领导风格的建立。

7.3　本章小结

　　本章基于前几章的理论和实证研究，针对情绪能力提升和领导者的自我修炼进行了具体分析，提出了相应的对策措施。但是由于不同的行业、企业、背景文化等具体实际情况的不同，本章提出的对策建议虽然具有一定的指导意义，不同的企业在运用时还需要在此基础上进行本土化改善。

第8章

研究结论、局限与展望

本章对本书的主要研究结论进行阐述，并梳理了本研究的理论贡献和管理启示，提出还存在不足之处并对未来研究指明了方向。

8.1　主要研究结论

领导风格和组织创新是管理学两个重要的研究领域。本书将领导风格理论与组织内的创新相结合，以集体主义作为背景，以组织情绪能力的视角，研究了转换型领导风格与交易型领导风格对企业创新的影响，建立了组织情绪能力的六维度模型，验证了组织情绪能力在领导风格与企业创新之间的中介作用，在东方文化背景下，研究了领导风格与组织情绪能力之间集体主义导向的调节效应，突破了以往研究的局限。具体来说，有以下几点：

第一，通过实证研究表明，中国背景下的组织情绪能力可以从鼓励、情感体验、合作交流、自由表达、身份认同、组织包容六个维度进行测量和评价。在文献综述的基础上，本书通过题项的初步设置、大规模访谈，收集、汇总、整理了测量组织情绪能力的 24 个题项，共七个维度，在对此量表预测试的过程中，通过对专家效度、收敛效度、区分效度及量表信度的分析，在删除"环境氛围"这一不符合测量指标的维度后，最后得到可正式实施操作的 20 个测量题项，共六个维度。在正式测量中再对样本数据进行探索性因子分析与验证性因子分析，采用最大方差法旋转的探索性因子分析显示，虽然组织情绪能力各维度呈现中低度的相关关系，但仍然可以区分为六个因子要素，具有很好的结构效度。在验证性因子分析中，包括基本模型在内的三个模型被分别验证，结果表明我国汽车制造行业组织情绪能力的最佳结构与探索性因子分析结果一致，为一阶六因子结构。

已有的研究中关于情绪的描述大多是基于心理学的研究视角，更多的关注在个人情绪或特定情绪表达类型上，例如欢乐、悲伤、抑郁等，在管理学界的研究中对于个体情绪通常简单地分为积极和消极、正面和负面两种情绪状态，对于组织层面的情绪研究比较少见，也缺乏对于情绪能力的精准测量和表述（Hochschild, 1983；Staw et al., 1994）。情绪能力模型的提出解决了国内学界对于组织内情绪状态的概念描述问题，由于情绪的唤起需要外界刺激的激活，因此例如交流活动、体验活动及表达想法的自由度等都有利于情绪的激发和组织内情绪能力的形成。于伊（1999）提出了情绪动态性的概念，即随外界刺激动态变化的情绪状态，并指出在具体的研究中可以根据客观需求对情绪动态性进行主观层面的调整，由于"动态性"这一描述比较抽象，因此本书对各动态性维度的描述进行了适当修改以利于调查对象的理解。组织情绪能力可以通过多个维度进行测量，例如，鼓励以组织内领导者的名义对员工激励，是否能激发员工工作热情，组织是否能将员工价值实现与企业目标联结等进行衡量；自由表达可以通过组织内是否有相关政策约束员工的情绪表达自由，或者员工对于建言行为后是否存在担心等来进行测量；环境氛围可以以组织内能否使员工在工作环境上达到满意或者是否营造鼓励创新的气氛等进行测量；组织包容可以通过组织内是否为特立独行的员工设置了适合的发展空间，或者组织对于错误的包容度为标准进行测量；情感体验可通过观察组织成员度过悲伤过程的时间，组织成员之间相互感受情绪的能力测量，或者通过记录员工间的相处情况和上下级的接触情况来进行衡量；而身份认同可以通过组织内的团队凝聚力，组织成员彼此评价结果，以及员工对于企业声誉的维护和企业文化的认同进行衡量等。本书采用规范严格的问卷开发程序，证明组织情绪能力问卷具有良好的信度和效度，达到了最佳拟合效果，可以为我国企业的组织情绪能力评价提供参考依据。

第二，转换型领导风格和交易型领导风格可以通过组织情绪能力的中介效应进一步影响企业创新（组织创造力、探索式/利用式创新，下同）。通过实证研究分析，转换型领导风格和交易型领导风格都对企业创新具有直接的正向影响效应，同时，两种领导风格都能通过组织情绪能力进一步影响企业创新。组织情绪能力与企业创新之间有较强的正向影响关系。进一步分析发现，组织情绪能力的六个维度中，鼓舞、身份认同和组织包容对组织创造力有正向影响作用，组织情绪能力的鼓舞、身份认同和组织包容维度对探索式创新有正向的影响作用，鼓舞和身份认同维度对利用式创新有正向影响作用。对这一方面的研究将有助于解释企业内部制约创新水平发展主要因素和障碍。

领导风格和组织情绪能力都是企业创新的重要前因变量，相比于交易型领导，转换型领导更能够引发企业员工在领导支持创新方面的感知，这种感知能够激发员工的内部工作动机，驱动员工自主自觉地进行创新工作（Amabile，2004；孙锐等，2012）。转换型领导通过对员工传递发展愿景和管理理念，提升下属的组织归属感和忠诚度，鼓励员工专注于自身的创造性工作，更好地服务于组织内部；对员工给予个性化的情感关怀，为员工设立长远目标，建立良好的上下级关系，使员工敢于表明真实想法，提出新颖和具有创造力的想法（吴隆增等，2013）；通过各种途径激发员工自主创新意识，鼓励员工打破常规，运用新方法和新思路解决问题。良好的组织内部情绪能够对组织的和谐发展产生正面的影响作用，有效地降低员工离职率、促进企业内对于组织共同目标的认同、推动跨层次跨团队的创新联合行动、提高员工满意度、促进企业团队整合，因此，组织层面的情绪能力对于良好组织情绪的维持具有至关重要的作用，它能够协助企业监测和调控内部情绪氛围的变化和情绪状态的传播循环，引导员工投入到与创意产生和创新想法实施相关的工作流程中，并有效地促进个体知识在组织内的螺旋式传播。因此，企业管理者不能轻视企业内的情绪问题，应该运用情绪能力调整和引导员工的情绪感知，避免企业忧郁症的出现，这也是不少企业文化里强调情绪管理的重要原因。

国际上关于组织情绪能力的研究并不多见，仅有的研究也是以西方文化为背景，国内在这方面的研究严重不足，除极少数文献研究以外，实证部分的分析处于起步阶段，因此，从组织情绪能力的角度，系统的对转换型领导风格、交易型领导风格，以及如何推动企业创新能力的提升进行研究探索值得期待。

第三，关于集体主义导向对领导风格与组织情绪能力之间的调节效应的研究结果表明：集体主义导向可以正向调节转换型领导与组织情绪能力之间的关系，当组织内的集体主义导向较强时，转换型领导对组织情绪能力的正向影响作用会增强，当组织内的集体主义导向较弱时，转换型领导对组织情绪能力的正向影响作用会变弱，甚至产生负向影响；集体主义导向在交易型领导与组织情绪能力之间的调节效应并不显著。可见集体主义导向在中国企业内的调节作用还是显而易见的，但是在不同领导风格下的作用还存在差异性。

集体主义是中国企业中非常典型和常见的文化因素，这与我国上千年的文化积淀及当今倡导的和谐统一价值观密切相关。转换型领导与集体主义具有天生的相似性，交易型领导的契约性和交换性都具有个人主义的意味，而组织情绪能力作为西方学者在个人主义文化背景下提出的管理元素，在本书中与集体主义放在一起，得出了转换型领导与集体主义交互影响组织情绪能力的结论。研究结论也进一步说明，当企业管理者运用了有利于情绪能力的领导方式和管理风格后，如果不能通过企业文化、人力资源管理等有效手段调整内部的集体主义导向，那么转换型领导风格对企业创新的促进作用反而会变弱。

第四，通过统计调查发现，接受的教育程度不同、工作年限不同、从事岗位不同、企业的所有制性质不同，他们在组织情绪能力和企业创新上的表现也有或多或少的差异。教育程度在高中、专科、本科和研究生的员工，在组织情绪能力的鼓励维度、身份识别维度和探索式创新上具有显著差异。工作年限在1~2年、3~5年、6~10年和10年以上的员工对探索式创新和利用式创新上有显著差异：工作年限在1~2年和10年以上的员工，其探索式创新水平均高于6~10年的员工；工作年限在1~2年的员工，其利用式创新水平高于工作年限6~10年的员工。总的来说，工作年限对探索式创新的影响呈U型变化，随着工作时间的增加，员工参与探索式创新的水平先升后降。处于高层、中层和基层的员工，在组织创造力、探索式创新和利用式创新上具有显著差异；通过进一步的多重比较分析可知，在民营企业中，员工感知到的鼓励多于国有企业和三资企业，员工对自由表达、情感体验、合作交流和身份认同几个维度的感知明显强于国有企业；民营企业和三资企业的个体创新水平显著高于国有企业，民营企业在组织创新、探索性创新和利用式创新也明显优于国有企业。另外，本书发现，不同性别和年龄在组织情绪能力的鼓励、情感体验、自由表达、身份识别、组织包容和合作交流等维度上的差异并不显著，在探索式创新和利用式创新上也没有显著差异。根据这一研究结论，企业在招聘、培训、绩效考核等日常管理工作中，可以以此为依据进行借鉴，以便更合理地配置企业人力资源。

8.2　研究局限与研究展望

本书的目的在于推进相关理论研究的发展，并为企业的管理实践提供一定的借鉴和指导，此目的是否达成还有待于企业管理者在实践工作中加以验证。本书涉及的组织情绪能力变量在国内还处于探索性研究阶段，限于本人自身研究能力和知识水平的限制，本研究还存在很多局限性，这也为未来的研究提供了拓展的空间。具体的研究局限与展望表现在如下几个方面：

（1）模型框架的限制。

本书主要从转换型领导、交易型领导、集体主义导向和组织情绪能力等前因变量出发，探讨其与组织创造力、探索式创新、利用式创新的影响作用机制。通过文献回顾可知，与领导风格和组织情绪能力相关的部分变量因素，如领导对创新的偏好、情感倦怠等，与组织创造力和探索式创新、利用式创新有关的因素，如：自我效能感、组织情绪氛围、组织公民行为等，由于时间、人力、问卷设计合理性，以及样本所处行业的局限性等方面的考虑，没有对上述变量进行深入的探究，也没有纳入框架内进行研究分析，但是这些变量对于完善企业创新相关理论同样重要，这也是未来需要进一步改进的地方。

（2）抽样调查的限制性。

本书的调查对象是中国汽车制造行业相关企业，抽样对象相对单一，这些企业大多分布在我国中东部，对于西部地区的汽车制造企业涉及较少，可能造成样本的局限性，对于研究结论在其他行业是否同样适用还尚待商榷。如果在今后的研究中能进一步开展随机的大样本分析，结论可能更有价值。另外，许多被调查企业在关于创造力和创新的相关问题上，可能会由于技术专利和保密的问题而有所保留，因此，收集到的样本数据可能受到一定限制。在今后的研究中，应在更广泛、更全面的范围内抽取样本和收集数据，以使研究结论具有普遍适用性。

（3）缺乏纵向研究。

由于本书的样本数据是在短时间内收集的，这种横截面的数据不能严格说明变量间的因果关系，未来可以通过纵向研究观察研究对象随时间发展的变化情况，关注领导风格、组织情绪能力与企业创新的动态变化过程，进一步充实本书的理论模型。

附录 A 访谈提纲

您好！

感谢您百忙之中接受本次访谈，为了推动企业和个人的创新能力，本课题组正在进行组织情绪能力的相关研究，有一些问题与您聊聊，希望您在组织情绪调节方面提一些看法。访谈结果仅供学术研究，您提供的信息将会严格保密。

访谈时间：　　　　　访谈地点：

被访人姓名：　　　性别：　　　年龄：　　　职务：

从事研发工作时间：

所在单位名称：

1. 您如何看待企业内人员、团队的浮躁问题？

2. 您认为组织浮躁有哪些具体表现？

3. 谈一谈您对研发耐性的理解？

4. 您所在企业的创新环境和创新氛围如何？对于失败的容忍性如何？

5. 您认为有哪些因素会影响工作情绪？

6. 您自己目前的创新工作做得怎么样？什么因素会影响你的工作积极性？

7. 您所在部门主管对于鼓励员工创新做了哪些工作？

8. 部门内是否可以自由表达个人的工作情绪？主管对个人情绪作何处理？

9. 您会给同事和领导诉说工作和生活上的困难吗？同事和领导一般会给予什么样的反馈？

10. 评价一下你的工作状态和环境？当前能满足您生活和情感的需求吗？还需哪些改进？

附录 B　调查问卷

1. 本问卷是匿名的，但需要您填写个人及所在企业信息，感谢您的大力配合！

Q1. 您的性别：　　　　　☐男　　　　☐女

Q2. 您的最高学历：　　　☐高中　　　☐大专　　　☐本科

　　　　　　　　　　　　☐硕士　　　☐博士

Q3. 您的工作年限：　　　☐1～2年　☐3～5年　☐6～10年

　　　　　　　　　　　　☐10年以上

Q4. 您的年龄：　　　　　☐小于25岁　☐25～35岁　☐35～45岁

　　　　　　　　　　　　☐45～60岁

Q5. 您在公司的级别是：☐高层　　　☐中层　　　☐基层

Q6. 您所在的公司属于：☐国有企业　☐民营企业

　　　　　　　　　　　　☐三资企业（含港澳台企业）

2. 以下是转换型领导风格方面的相关描述，请在相应数字下打"√"。

请您对照下列陈述与贵公司实际，在相应的数字上打"√"，或涂色。其中，1 = 非常不符合，2 = 不符合，3 = 差不多，4 = 符合，5 = 非常符合。	非常不符合	不符合	差不多	符合	非常符合
LX1. 在我的主管身边工作，我感觉非常愉快	1	2	3	4	5
LX2. 我的主管是我尊敬的领导	1	2	3	4	5
LX3. 我的主管是值得我追随学习的典范	1	2	3	4	5
LX4. 我完全相信我的主管有克服工作困难的判断力和能力	1	2	3	4	5

续表

请您对照下列陈述与贵公司实际，在相应的数字上打"√"，或涂色。其中，1 = 非常不符合，2 = 不符合，3 = 差不多，4 = 符合，5 = 非常符合。	非常不符合	不符合	差不多	符合	非常符合
LX5. 能和我的主管一起共事，让我感到骄傲	1	2	3	4	5
LX6. 我完全信任我的主管	1	2	3	4	5
GW1. 从我的主管那里，我感受到工作的使命感	1	2	3	4	5
GW2. 我的主管能够激起我与他共同完成工作目标的动力	1	2	3	4	5
GW3. 我的主管会利用各种方式来鼓励我	1	2	3	4	5
GW4. 我的主管使我能够体会到当前工作的终极目标和意义	1	2	3	4	5
GW5. 我的主管拥有指点我当前思考方向的能力	1	2	3	4	5
GW6. 我的主管能够促使我投入当前的工作任务	1	2	3	4	5
GH1. 我的主管对我的工作绩效设定较高的标准	1	2	3	4	5
GH2. 当我感觉被忽视时，我的主管能适时给予我关心	1	2	3	4	5
GH3. 我的主管能了解我的需要，并帮助我去获得它	1	2	3	4	5
GH4. 当我圆满完成任务时，我的主管会适时地表达感激	1	2	3	4	5
GH5. 我的主管愿意花时间来指导我的工作	1	2	3	4	5
GH6. 我的主管待我像一个亲切的伙伴，而不仅仅是普通同事	1	2	3	4	5
CZ1. 我的主管能在我困惑时给予我指导	1	2	3	4	5
CZ2. 我的主管能激励我重新思考老问题	1	2	3	4	5
CZ3. 我的主管能够帮助我用新的方法去思考老问题	1	2	3	4	5
CZ4. 我的主管经常强调要提升个人能力	1	2	3	4	5
CZ5. 我的主管强调要有充分的理由来支持提出的意见建议	1	2	3	4	5
CZ6. 我的主管总是能以讲道理的方式改变我对问题的想法	1	2	3	4	5

3. 以下是交易型领导风格方面的相关描述，请在相应数字下打"√"。

请根据您在企业中的实际情况打"√"或涂色。其中，1 = 完全不符合，2 = 不符合，3 = 差不多，4 = 符合，5 = 完全符合。	完全不符合	不符合	差不多	符合	完全符合
JY1. 我的主管在工作中给予我帮助和奖励，以使我努力工作	1	2	3	4	5
JY2. 我的主管让每个人清楚，当完成目标时，会获得应有的奖励	1	2	3	4	5
JY3. 当我到达预期目标时，我的主管会表示满意	1	2	3	4	5
JY4. 我的主管会集中精力在解决非常规、例外和偏差事件上	1	2	3	4	5
JY5. 我的主管只解决那些"如果不采取行动，会形成长期性问题"的问题	1	2	3	4	5
JY6. 我的主管善于指导我反思工作失误，以明确今后努力方向	1	2	3	4	5
JY7. 我的主管把所有精力放在解决员工的抱怨和失误上	1	2	3	4	5
JY8. 我的主管很了解组织和员工的错误，以便纠正	1	2	3	4	5

4. 以下是关于集体主义导向方面的相关描述，请在相应数字下打"√"。

请根据您在企业中的实际情况"√"或涂色。其中，1 = 完全不符合，2 = 不符合，3 = 差不多，4 = 符合，5 = 完全符合。	完全不符合	不符合	差不多	符合	完全符合
CM1. 我们企业认为，群体成功要比个人成功更重要	1	2	3	4	5
CM2. 我们企业认为，被你的工作群成员接受是非常重要的	1	2	3	4	5
CM3. 我们企业认为，员工应先考虑群体利益，再追求个人利益	1	2	3	4	5

续表

请根据您在企业中的实际情况"√"或涂色。其中，1＝完全不符合，2＝不符合，3＝差不多，4＝符合，5＝完全符合。	完全不符合	不符合	差不多	符合	完全符合
CM4. 我们企业认为，即使个人目标受损害，管理者也应鼓励群体忠诚	1	2	3	4	5
CM5. 我们企业认为，为了使群体成功，应该放弃个人目标	1	2	3	4	5

5. 以下是组织情绪能力（感知）方面的相关描述，请在相应数字下打"√"。

请您对照下列陈述与贵公司实际，在相应的数字上打"√"，或涂色。其中，1＝非常不符合，2＝不符合，3＝差不多，4＝符合，5＝非常符合。	非常不符合	不符合	差不多	符合	非常符合
MG1. 我们企业有一种可以给员工灌输希望的能力	1	2	3	4	5
MG2. 我们企业的领导者能够激发员工的（工作）热情	1	2	3	4	5
MG3. 我们的领导者能给我们带来希望和喜悦	1	2	3	4	5
MZ1. 我们企业有一种可以使员工自由表露个人情绪的能力	1	2	3	4	5
MZ2. 在我们企业中，员工可以表达个人情绪，而不必担心被批评或惩罚	1	2	3	4	5
MZ3. 我们企业不会通过压制员工情感、情绪来维持内部秩序	1	2	3	4	5
MZ4. 我们企业有能力调节和疏导组织内部的负面情绪	1	2	3	4	5
MY1. 我们企业鼓励创新，并营造了一种鼓励尝试、探索的工作氛围	1	2	3	4	5
MY2. 我们企业容忍那些先行先试的人犯错	1	2	3	4	5

续表

请您对照下列陈述与贵公司实际，在相应的数字上打"√"，或涂色。其中，1 = 非常不符合，2 = 不符合，3 = 差不多，4 = 符合，5 = 非常符合。	非常不符合	不符合	差不多	符合	非常符合
MY3. 我们企业形成了一种安全、融洽、包容，受保护的组织环境	1	2	3	4	5
MT1. 我们企业的员工一般都具备感受他人情绪、了解他人情绪的能力	1	2	3	4	5
MT2. 在企业中，员工们一般会对同事或他人的情绪感受表现出一定反应	1	2	3	4	5
MT3. 在企业中，员工之间会沟通各自的情绪、情感	1	2	3	4	5
MT4. 员工们能察觉到细微的组织情绪线索，并能解读、理解其背后的信息	1	2	3	4	5
MT5. 在我们企业中，员工彼此相互关怀	1	2	3	4	5
MH1. 我们可以让两个看起来十分对立的人，结合在一起有效地开展工作	1	2	3	4	5
MH2. 在我们企业中，不同的群体情绪之间有相互沟通的渠道、桥梁	1	2	3	4	5
MH3. 员工们能够了解和体会彼此的心境	1	2	3	4	5
MS1. 员工们对组织理念和价值观都具有较高的认同感和依附性	1	2	3	4	5
MS2. 我们在一起工作，其原因之一是彼此间有情感纽带和对组织身份的认同	1	2	3	4	5
MS3. 员工们对外都会主动维护组织的声誉	1	2	3	4	5
MB1. 我们企业对个性偏执的研发人员有较强的包容性	1	2	3	4	5
MB2. 我们企业对性格独特的员工，能给予相应的发展通道	1	2	3	4	5
MB3. 我们企业能够容忍员工有钻牛角尖的行为	1	2	3	4	5

6. 以下是组织创造力方面的相关描述，请在相应当数字下打"√"。

请根据您在企业中的实际情况打"√"或涂色。其中，1＝完全不符合，2＝不符合，3＝差不多，4＝符合，5＝完全符合。	完全不符合	不符合	差不多	符合	完全符合
ZC1. 我们企业产生了许多关于产品和服务的新想法	1	2	3	4	5
ZC2. 我们企业通过营造环境来促使产生产品和服务的新想法	1	2	3	4	5
ZC3. 我们企业重视提出有关产品和服务的新想法	1	2	3	4	5
ZC4. 我们企业致力于让员工提出关于产品和服务的新想法	1	2	3	4	5
ZC5. 我们企业花时间来推动产品和服务的新想法的产生	1	2	3	4	5

7. 以下是探索式/利用式创新方面的相关描述，请在相应数字下打"√"。

请根据您在企业中的实际情况打"√"或涂色。其中，1＝完全不符合，2＝不符合，3＝差不多，4＝符合，5＝完全符合。	完全不符合	不符合	差不多	符合	完全符合
TS1. 我们的企业接受超越现有产品和服务的市场需求	1	2	3	4	5
TS2. 我们企业开发新产品和服务	1	2	3	4	5
TS3. 我们在本地市场试销新产品和服务	1	2	3	4	5
TS4. 我们投入市场的是全新的产品和服务	1	2	3	4	5
TS5. 我们经常利用新市场中的新机遇	1	2	3	4	5
TS6. 我们的企业经常使用新的分销渠道	1	2	3	4	5
TS7. 我们企业经常寻找和接近新市场中的新客户	1	2	3	4	5
LY1. 我们经常改善现有产品和服务	1	2	3	4	5
LY2. 我们企业经常对现有的产品和服务实施小的改进	1	2	3	4	5

续表

请根据您在企业中的实际情况打"√"或涂色。其中，1 = 完全不符合，2 = 不符合，3 = 差不多，4 = 符合，5 = 完全符合。	完全不符合	不符合	差不多	符合	完全符合
LY3. 我们针对本地市场现有的产品和服务提出不断改进	1	2	3	4	5
LY4. 我们提高现有产品的生产效率和服务水平	1	2	3	4	5
LY5. 我们企业提高了现有产品的市场份额	1	2	3	4	5
LY6. 我们企业为现有客户提供延伸服务	1	2	3	4	5
LY7. 我们企业的一个重要目标是保持低成本的内部运作	1	2	3	4	5

参 考 文 献

1. Akgun A E, Keskin H, Byrne J, et al. Emotional and learning capability and their impact on product innovativeness and firm performance [J]. Technovation, 2007, 27 (9): 501 –513.

2. Akgün A E, Keskin H, Byrne J. Organizational emotional capability, product and process innovation and firm performance: An empirical analysis [J]. Journal of Engineering and Technology Management, 2009 (3): 103 – 130.

3. Amabile T F, Schatzel E A, Moneta G B. Leader behaviors and the work environment for creativity: Perceived leader support [J]. Leadership Quarterly, 2004 (15): 5 –32.

4. Amabile T M, Conti R, Coon H. Assessing the work environment for creativity [J]. The Academy Management Journal, 1996, 39 (5): 1154 – 1184.

5. Amabile T M, Hennessey B A. Social Influences on Creativity: The Effects of Contracted – For Reward [J]. Journal of Personality and Social Psychology, 1986, 50 (5): 14 –23.

6. Amabile T M. How to Kill Creativity [J]. Harvard Business Review, 1998, 76 (5): 77 –87.

7. Amabile T M, Barsade S M. Affect and creativity at work [J]. Administrative Science Quarterly, 2005, 50 (3): 367 –403.

8. Amabile T M. Leader behaviors and the work environment for creativity:

Perceived leader support [J]. The Leadership Quarterly, 2004 (15): 5 –32.

9. Amabile, T M. A model of creativity and innovation in organizations. In B. L. L. Cuminings (Eds.), Research in organizational behavior, 1988 (10): 187 –209.

10. Amabile, T M. Motivational Synergy: Toward new conceptualization of intrinsic and extrinsic motivation in the workplace [J]. Human Resource Management Review, 1993 (3): 185 –201.

11. Amabile, T F, Schatzel, E A, Moneta, G B. Leader behaviors and the work environment for creativity: Perceived leader support. [J]. Leadership Quarterly, 2004 (15): 5 –32.

12. Ashforth B E, Humphrey R H. Emotion in the work place: A reappraisal [J]. Human Relations, 1995, 48 (2): 97 –125.

13. Avolio, B J, Bass, B M, & Jung, D I. Re-examining the components of transformational and transactional leadership using the Multifactor Leadership Questionnaire [J]. Journal of Occupational and Organizational Psychology, 1999 (72): 441 –462.

14. Avolio, B J, Zhu, W C, Koh, W, Bhatia, P. Transformational leadership and organizational commitment: mediating role of psychological empowerment and moderating role of structural distance [J]. Journal of Organizational Behavior, 2004, 25 (8): 951 –968.

15. Bandura, A. Social cognitive theory in cultural context. Applied Psychology [J]. An International Review, 2002 (51): 269 –290.

16. Barney, J B. Firm resources and sustainable competitive advantage [J]. Journal of Management, 2001 (17): 99 –120.

17. Baron R M, Kenny D A. The moderator-mediator variable distinction in social psychological research: Conceptual, strategic, and statistical considerations [J]. Journal of Personality and Social Psychology, 1986, 51 (6): 1173.

18. Barsade S G. The Ripple Effect: emotional contagion and its influence on group behaviour [J]. Administrative Science Quarterly, 2002, 47 (6): 644 –675.

19. Bass B M, Riggio R E. Transformational leadership [Z]. 2006: 13 –52.

20. Bass B M. Leadership and performance beyond expectations [M]. New York: Free Press, 1985.

21. Bass B. M. Leadership and performance beyond expectations. New York: Free Press, 1985: 3 –242.

22. Bass B M. Two decades of research and development in transformational leadership [J]. European Journal of Work and Organizational Psychology, 1999 (8): 9 –26.

23. Bass, B M & Avolio, B J. Developing, transformational leadership: 1992 and Beyond [J]. Journal of European Industrial Training, 1990 (b), 14 (5): 21 –27.

24. Bass, B M & Avolio, B J. The implications of transactional and transformational leadership for individual, team, organizational development [J]. Research in Organizational Change and Development, 1990 (a), 4: 231 – 272.

25. Bono J E, Foldes H J, Vinson G, Muros J P. Workplace emotions: the role of supervision and leadership [J]. Journal of Applied Psychology, 2007, 92 (5): 1357 –1367.

26. Burns J M. Leadership [M]. New York: Harper & Row. 1978: 11 – 121.

27. Conger, J A. Charismatic and transformational leadership in organizations: an insider's perspective on these developing streams of research [J]. Leadership Quarterly, 1999, 10 (2): 145 –179.

28. Dedreu C K, Bass, M. A. Hedonic Tone and Activin Level in the

Mood-creativity Link Toward a dual pathway to creativity model [J]. Journal of Personality and Psychology, 2009, 94 (5): 739 – 756.

29. Dewett, T. Linking intrinsic motivation, risk taking, and employee creativity in an R & Denvironment [J]. R & G Management, 2007, 37 (3): 197 – 208.

30. Dorfman, P W, Howell J P. Dimensions of national culture and effective leadership patterns: Hofstederevisited [J]. Advancesin International Comparative Management, 1988, 5 (3): 127 – 150.

31. Dorfman, P W, Howell, J P. Dimensions of national culture and effective leadership patterns: Hofstederevisited [J]. Advancesin International Comparative Management, 1988, 5 (3): 112 – 125.

32. Farh, J L, Zhong, C B, Organ, D W. Organization citizenship behavior in the People's Republic of China [J]. Organization Science, 2004, 2 (15): 241 – 253.

33. Feist, G J. A meta-analysis of personality in scientific and artistic creativity [J]. Personality and Social Psychology Review, 1998, 2 (4): 290 – 309.

34. Fiedler F E. The contingency model and the dynamics of the leadership process advances in experimental social psychology [M]. New York: Academic Press, 1967: 88 – 93.

35. Fisher C D, Noble C S. Affect and performance: a within persons analysis [C] //The Annual Meeting of the Academy of Management, Toronto, 2000.

36. George J M, Zhou J. Dual tuning in a supportive context: Joint contributions of positive mood, negative mood, and supervisory behaviors to employee creativity [J]. Academy of Management Journal, 2007 (50): 605 – 622.

37. George J M, Zhou J. Dual tuning in a Supportive context: joint contri-

butions of positive mood, negative mood, and supervisory behaviors to employee creativity [J]. Academy of Management Journal, 2007, 50 (3): 605 – 622.

38. George J M, Brief A P. Feeling good-doing good: A conceptual analysis of the mood at work organizational spontaneity relationship [J]. Psychological Bulletin, 1992 (112): 310 – 329.

39. George, J M. Zhou, J. Understanding when bad moods foster creativity and good ones don't: The role of context and clarity of feelings [J]. Journal of Applied Psychology, 2002, 87 (4): 687 – 697.

40. George, J. M. Group affective tone [J]. Handbook of work group psychology, 1996: 77 – 94.

41. Glaser Barney, Strauss Anselm L, The discovery of grounded theory: Strategies for Qualitative Research. Aldine de Gruyter, 1967.

42. Gong, Y, Huang, J C & Farh, J. L. Employee learning orientation, transformational leadership, and employee creativity: The mediating role of employee creative self-efficacy [J]. Academy of Management Journal, 2009, 42 (4): 765 – 778.

43. Gosserand, R H, Diefendorff, J M. Emotional display rules and emotional labor: The moderating role of commitment [J]. Journal of Applied Psychology, 2006, 6 (90): 1256 – 1264.

44. Grawitch M J., Munz D C. Kramer T J. Effects of mood states on creative performance in temporary workgroups [J]. Group Dynamics: Theory, Research and Practice, 2003 (7): 41 – 54.

45. Hayes A F. Introduction to mediation, moderation, and conditional process analysis: a regression-based approach. [M]. New York, N Y: Guilford Press, 2013.

46. Herrmann D, Felfe J. Effects of leadership style, creativity technique and personal initiative on employee creativity [J]. British Journal of Manage-

ment, 2014, 25 (2): 209 - 227.

47. Hersey P, BlanchardK. Life cycle theory of leadership [J]. Training & Development Journal, 1969: 42 - 48.

48. Hochschild, A R. The Managed Heart [C]. CA: University of California Press, 1983.

49. Hofstede G. Cultures and organizations: Software of the mind [M]. London: McGraw Hill, 1991.

50. Hofstede G, Nowicki G. Software of the mind [M]. London: McGraw - Hill, 1989.

51. House R J. A path-goal theory of leader effectiveness [J]. Administrative Science Quarterly, 1971, 16 (3): 321 - 339.

52. Huy Q H. Emotional capability, emotional intelligence, and radical change [J]. Academy of Management Review, 1999, 24 (2): 325 - 345.

53. Huy Q H. Emotional capability, emotional intelligence, and radical change [J]. Academy of Management Review, 1999 (4): 1103 - 1157.

54. Isen A, Daubman K. & Nowicki G. Positive affect facilitates creative problem solving [J]. Journal of Personality and Social Psychology, 1987 (52): 1122 - 1131.

55. Jansen J P, Vera D, Crossan M. Strategic leadership for exploration and exploitation: The moderating role of environmental dynamism [J]. The Leadership Quarterly, 2009, 20 (1): 5 - 18.

56. John R Kimbely Michael. Evanisko Organizatianal Innovation: the influence of individual organizational and contextual factors on hospital adootian of technological and adm inistrative innvations [J]. The Avadamy of Management Journal 1981, 24 (4): 689 - 713.

57. Kanter, R. When a thousand flowers bloom: Structural, collective, and social conditions for innovation in organizations [J]. Research in organizational behavior, 1988 (10): 169 - 211.

58. King N. Modeling the Innovation Process: An Empirical Comparison of Approaches [J]. Journal of Occupational and Organizational Psychology, 1992 (65): 89 – 100.

59. King N, Anderson, N. Managing innovation and change: A critical guide for organization. [M]. London: Thompson, 2002.

60. Lee J. Effects of Leadership and Leader – Member Exchange on Innovativeness [J]. Journal of Managerial Psychology, 2008, 23 (6): 670 – 687.

61. Lee, H, Choi, B. Knowledge Management Enablers, Processes, and Organizational Performance: An Integrative View and Empirical Examination [J]. Journal of Management Information Systems, 2003, 20 (1): 179 – 228.

62. Leithwood, K. The move toward transformational leadership. Educational Leadership, 1992, 49 (5): 8 – 12.

63. Liu X Y, SunJ M, Hartel C E J. Developing a measure of workgroup emotional climate in China [J]. International Journal of Psychology, 2008, 43 (3/4): 285.

64. Mackenziesb, Podsakoffpm, Richga. transformational and transactional leadership and salesperson performance [J]. Journal of the Academy of Marketing Science, 2011, 29 (3): 115 – 134.

65. Madjar N, Oldham G. R&Pratt M. G. There's no place like home? The contributions of work and nonwork creativity support toemployees' creative performance [J]. Academy of Management Journal, 2002 (45): 757 – 767.

66. March, J G. Exploration and exploitation in organizational learning [J]. Organization Science, 1991 (2): 71 – 87.

67. Mohamed, S. The role of climate for innovation in enhancing usiness performance [J]. Engineering Construction & Architectural Management, 2008, 55 (5): 407 – 422.

68. Mumford G, Scott B, Jill M. Strange, leading creative people: Orchestrationg expertise and relationship [J]. The Leadership Quarterly, 2002, 13 (6): 705 – 750.

69. Nijstad B A, Berger – Selman F, De Dreu C K W. Innovahon in top transformational management leadership teams: Minority dissent and radical innovations [J]. European Journal of Work & Organizational Psychology, 2014, 23 (2): 310 – 322.

70. Oldham, G R. Cummings, A. Employee creativity: personal and contextual factors at work [J]. Academy of Management Journal, 2001, 39 (3): 607 – 634.

71. Organ D W. Organizational Citizenship Behavior: The Good Soldier Syndrome [Z]. 1988: 13 – 68.

72. Penrose E T, The theory of the growth of the firm [M]. Oxford University Press.

73. Philip, R. Transformational leadership at the department chair level in North Carolina community colleges [J]. Administrctor Attitudes, 2001: 32 – 76.

74. Pieterse A N, Van Knippenberg D, Schippers M, et al. Transformational and Transactional Leadership and Innovative Behavior: The Moderating Role of Psychological Empowerment [J]. Journal of Organizational Behavior, 2010, 31 (4): 609 – 623.

75. Pillai, R, C A Schriesheim, E S Williams. Fairness perceptions and trust as mediators for transformational and transactional leadership: a two-sample study. Journal of Management, 1999, 25 (6): 897 – 933.

76. Podsakoff P M, Moorman R H. Transformational Leader Behavior and Their Effects on Followers' Trust in Leader, Satisfaction, and Organizational Citizenship Behaviors [J]. Leadership Quarterly, 1990, 1 (2): 107 – 142.

77. Prahalad, C K, Hamel, G, The core competence of the corporation

[J]. Harvard Business Review, May – June, 2008 (5 – 6): 79 – 91.

78. Q H Huy. Emotional capability, emotional intelligence, and radical change [J]. Academy of Management Review, 1999 (24): 325 – 345.

79. Rafaeli, A Worline, M Individual emotion in work organizations [J]. Social Science Information, 2001, 40 (1): 95 – 123.

80. Rhee, S Y. Shared emotions and group effectiveness: The role of broadening and building interactions [J]. Academy of Management Journal, 2007 (50): 605 – 622.

81. Scott G, Bruce R A. Determinants of innovative behavior a path model of individual innovation in the work place [J]. Academy of Management Journal, 1994, 37 (3): 580 – 607.

82. Scott S. Bruce R. Determinants of innovative behavior: a path model of individual innovation in the workplace [J]. Academy of Management Journal, 1994, 37 (3): 580 – 607.

83. Scott, Susanne G, Bruce, Reginald A. Determinants of innovative behavior: A path model of ndividual innovation in the workplace [J]. Academy of Management Journal, 1994, 37 (3): 580 – 608.

84. Sergiovanni, T J. Value-added leadership: How to get extraordinary performance in schools [J]. 1991, 75 (533): 118 – 119.

85. Shalley C E, Zhou J, Oldham G R. The effects of personal and contextual characteristics on creativity: where should we go from here? [J]. Journal of Management, 2004, 30 (6): 933 – 958.

86. Shin, S J, Zhou, J. Transformational leadership, conservation, creativity: evidence from Korea [J]. Academy of Management Journal, 2003, 46 (6): 703 – 714.

87. Shlomo Hareli, Anat Rafaelv. Emotion Cycles: On the Social Influence of Emotion in Organizations [J]. Research in Organizational Behavior, 2008 (28): 35 – 59.

88. Smith W K, Tushman M L. Managing Strategic Contradictions: A Top Management Model for Managing Innovation Streams [J]. Organization Science, 2005, 16 (5): 522 – 536.

89. Stogdill R M. Personal factors associated with leadership: A survey of the literature [J]. The Journal of psychology. 1948, 25 (1): 35 – 72.

90. Suliman A M, Al Shaikh F N. Emotional intelligence at work: links to conflict and innovation [J]. Employee Relations, 2007, 29 (2): 208 – 220.

91. Tierney, Farmer, S M. Creative Self-efficacy: Its Potential Antecedents and Relationship to Creative Performance [J]. Academy of Management Journal, 2002, 45 (6): 1137 – 1148.

92. Tierney, Farmer, S M. The Pygmalion Process and Employee creativity [J]. Journal of Management, 2004, 30 (3): 413 – 432.

93. Triandis, H C. Individualism and collectivism. Boulder [M]. Colorado: West view Press, 1995.

94. Van de Ven A, Angle H L, Poole M. Research on the management of innovation: The Minnesota studies [M]. New York: Harper & Row, 1989.

95. Van Scoffer J. Relationship of task performance and contextual performance with turnover, job satisfaction and affective commitment [J]. Human Resource Management Review, 2000, 10 (1): 79 – 95.

96. Vroom V H, Yetton P W. Leadership and decision-making [J]. University of Pittsburgh Press Pittsburgh, PA, 1973: 155 – 163.

97. Wang P, Rode J C. Transformational leadership and follower creativity: The moderating effects of identification with leader and organizational climate [J]. Human Relations, 2010, 63 (8): 1105 – 1128.

98. Weiss H M, Cropanzano R. Affective Events Theory, a Theoretical Discussion of the Structure, Causes and Consequences of Affective Experiences at Work [J]. Research in Organizational Behavior, 1996, 18 (8): 1 – 74.

99. Weiss, H M, and Cropanzano, R, Affective Events Theory, A Theoretical Discussion of the Structure, Causes and Consequences of Affective Experiences at Work [J]. Research in Organizational Behavior, 1996, Vol. 18 (1): 1 – 74.

100. Wenerfelt, B. A resource-based view of the firm [J]. Strategic Management Journal, 1984, Vol. 5: 171 – 180.

101. Woodman, R W, Sawyer, J E. Toward a theory of organizational creativity [J]. Academy of Management Review, 1993 (18): 293 – 321.

102. West, M A. Sparkling fountains or stagnant ponds: An integrative model of creativity and innovation implementation within groups [J]. Applied Psychology: An International Review, 2002, 51 (3): 355 – 386.

103. Woodman, R W, Sawyer, J E. Toward a theory of organizational creativity [J]. Academy of Management Review, 1993 (18): 293 – 321.

104. Xiaodan Wang, Xiaotong Lian. Psychological Capital, Emotional Labor and Counterproductive Work Behavior of Service Employees: The Moderating Role of Leaders' Emotional Intelligence [J]. American Journal of Industrial and Business Management, 2015, 39 (3): 388 – 395.

105. Yoshida D T, Sendjaya S, Hirst G. Does servant leadership foster creativity and innovation? A multi-level mediation study of identification and prototypically [J]. Journal of Business Research, 2014, 67 (7): 1395 – 1404.

106. Yoshida D T, Sendjaya S, Hirst G. Does servant leadership foster creativity and innovation? A multi-level mediation study of identification and prototypically [J]. Journal of Business Research, 2014, 67 (7): 1395 – 1404.

107. Yukl, G. Leadership in Organizations [J]. Prentice – Hall, 2002: 22 – 67.

108. Zhang A, Tsui A, Wang D. Leadership Behaviors and Croup Crea-

tivity in Chinese Organizations：the Role of Croup Processes ［J］. The Leader-ship Quarterly，2011，22（5）：851 – 862.

109. Zhou J，George J M. Awakening employee creativity：the role of leader emotional intelligence ［J］. The Leadership Quarterly，2003（14）：545 – 568.

110. 波特. 竞争战略 ［M］. 北京：华夏出版社，2015.

111. 陈笃生，王重鸣. 组织变革背景下员工角色超载的影响作用：一个有调节的中介模型 ［J］. 浙江大学学报（人文社会科学版），2015（3）：143 – 157.

112. 陈建勋，凌媛媛，王涛. 组织结构对技术创新影响作用的实证研究 ［J］. 管理评论，2011，7（23）：62 – 71.

113. 陈颖媛，邹智敏，潘俊豪. 资质过剩感影响组织公民行为的情绪路径 ［J］. 心理学报，2017，49（1）：72 – 82.

114. 陈震明，林亚清. 政府部门领导关系型行为影响下属变革型组织公民行为吗？——公共服务动机的中介作用和组织支持感的调节作用 ［J］. 公共管理学报，2016，13（1）：11 – 22.

115. 杜旌. 集体主义对个人创新影响的理论探索 ［J］. 科技进步与对策，2013，2（30）：9 – 13.

116. 杜旌，穆慧娜，刘艺婷. 集体主义的确阻碍创新吗？——一项基于情境作用的实证研究 ［J］. 科学学研究，2014（6）：919 – 927.

117. 杜旌，王丹妮. 匹配对创造性的影响：集体主义的调节作用 ［J］. 心理学报，2009（10）：980 – 988.

118. 冯彩玲，刘兰华，张丽华. 国内变革型领导近十年的研究进展 ［J］. 心理与行为研究，2016，14（1）：134 – 139.

119. 福斯. 企业万能—面向企业能力理论 ［M］. 大连：东北财经大学出版社，2010.

120. 龚增良，汤超颖. 情绪与创造力的关系 ［J］. 人类工效学，2009，15（4），62 – 65.

121. 顾远东，周文莉，彭纪生. 组织创新支持感与员工创新行为：多重认同的中介作用 [J]. 科技管理研究，2016，16（24）：129 – 138.

122. 黄勇，彭纪生. 情绪对创造力的影响——情感承诺的中介作用 [J]. 软科学，2016，30（7）：81 – 87.

123. 江静，杨百寅. 领导—成员交换、内部动机与员工创造力——工作多样性的调节作用 [J]. 科学学与科学技术管理，2014，35（1）：165 – 172.

124. 解志韬，田新民，祝金龙. 变革型领导对组织公民行为的影响：检测一个多重中介模型 [J]. 科学学与科学技术管理，2011（3）：167 – 173.

125. 金昕，陈松. 知识源战略、动态能力对探索式创新绩效的影响——基于知识密集型服务企业的实证 [J]. 科研管理，2015，33（2）：32 – 40.

126. 凯文·汤姆森. 情绪资本 [M]. 北京：当代中国出版社，2004.

127. 冷元元. 情绪资本：人力资源理论的新视阈 [J]. 中州学刊，2012，5（26）：44 – 47.

128. 李超平，田宝，时勘. 转换型领导与员工工作态度：心理授权的中介作用 [J]. 心理学报，2006（38）：297 – 307.

129. 李民祥，杨建军. 领导风格对组织创新模式的影响——集体主义导向的调节作用. [J]. 软科学，2015，10（29）：83 – 89.

130. 李忆，司有和. 探索式创新、利用式创新与绩效—战略和环境的影响 [J]. 南开管理评论，2008，5（11）：4 – 12.

131. 李煜华，王月明，胡瑶瑛. 基于结构方程模型的战略性新兴产业技术创新影响因素分析 [J]. 科研管理，2015，36（8）：10 – 17.

132. 李悦. 程序公正对创新行为的影响—积极情绪的中介效应研究 [J]. 软科学，2012，2（26）：79 – 84.

133. 李志刚，李兴旺. 蒙牛公司快速成长模式及其影响因素研究——

扎根理论研究方法的运用 [J]. 管理科学, 2006 (3): 12 – 16.

134. 李志刚, 裂变型创业 [M]. 北京: 经济管理出版社, 2007.

135. 刘朝, 张欢, 王赛君等. 领导风格、情绪劳动与组织公民行为的关系研究——基于服务业企业的调查数据 [J]. 中国软科学, 2014 (3): 119 – 135.

136. 刘景江, 邹慧敏. 变个性小领导和心理授权对员工创造力的影响 [J]. 科研管理, 2013, 34 (3): 68 – 74.

137. 刘小禹, 刘军. 公平与领导理论视角的团队创新绩效研究 [J]. 科研管理, 2013, 34 (12): 100 – 110.

138. 刘小禹, 孙敏健, 周禹. 变革/交易型领导对团队创新绩效的权变影响机制——团队情绪氛围的调节作用 [J]. 管理学报, 2011, 6 (8): 857 – 864.

139. 刘小禹. 组织中情绪管理的文化视角与实证研究 [M]. 北京: 中国经济出版社, 2011.

140. 路琳, 梁学玲. 知识共享在人际互动与创新之间的中介作用研究 [J]. 南开管理评论, 2009, 12 (1): 118 – 123.

141. 马二丽, 贾艳玲. 个体创新绩效影响因素述评 [J]. 人力资源管理, 2015 (12): 106 – 108.

142. 马喜芳, 颜世富. 创业导向对组织创造力的作用机制研究——基于组织情境视角 [J]. 研究与发展管理, 2016, 28 (2): 73 – 84.

143. 孟昭兰. 情绪心理学 [M]. 北京: 北京大学出版社, 2005.

144. 屈仁均. 团队情绪气氛理论及实证 [M]. 北京: 经济科学出版社, 2007.

145. 曲如杰, 康海琴. 领导行为对员工创新行为的权变影响 [J]. 组织行为与人力资源管理, 2014 (01): 88 – 98.

146. 盛明明. 基于个体—情境—文化交互视角下的组织创造力研究述评 [J]. 中国人力资源开发, 2016 (22): 6 – 11.

147. 时勘, 崔有波, 万金, 王昆. 集体主义氛围感知对工作投入的影响——组织认同的中介作用 [J]. 现代管理科学, 2015 (9): 6-8.

148. 嵩坡, 龙立荣. 员工情感与创造力: 一个动态研究模型 [J]. 管理评论, 2015, 27 (5): 157-170.

149. 孙锐, 张文勤, 陈许亚. R&D 员工领导创新期望、内部动机与创新行为研究 [J]. 管理工程学报, 2012, 2 (26): 12-20.

150. 孙锐, 张文勤. 企业创新中的组织情绪能力问题研究 [J]. 科学学与科学技术管理, 2015 (12): 70-78.

151. 孙锐, 赵晨. 战略人力资源管理、组织情绪能力与组织创新——高新技术企业部门心理安全的作用 [J]. 科学学研究, 2016, 34 (12): 1664-1673.

152. 孙锐. 复杂变革背景下, 组织情绪能力与组织学习创新关系研究——人力资源管理的视角 [J]. 第一资源, 2012 (8): 116-123.

153. 孙锐. 薪酬、授权、培训、职业发展与组织创新关系研究 [J]. 科研管理, 2010, 31 (2): 57-64.

154. 孙锐. 战略人力资源管理、组织创新氛围与研发人员创新 [J]. 科研管理, 2014, 30 (8): 34-43.

155. 孙永磊, 宋晶, 陈劲. 差异化变革型领导、心理授权与组织创造力 [J]. 科学学与科学技术理, 2016, 37 (4): 137-147.

156. 孙永磊, 宋晶. 双元领导风格、组织柔性与组织创造力 [J]. 中国科技论坛, 2015, 2 (2): 114-119.

157. 汤超颖, 艾树, 龚增良. 积极情绪的社会功能及其对团队创造力的影响: 隐性知识共享的中介作用 [J]. 南开管理评论, 2011, 30 (4): 129-137.

158. 汤超颖, 叶琳娜, 王菲, 周寄中. 知识获取与知识消化对创新绩效的影响研究 [J]. 科学学研究, 2015, 52 (4): 561-566.

159. 汤超颖, 黄冬玲, 邱江. 组织创造力培训开发的新进展 [J]. 中国人力资源开发, 2015, 32 (22): 92-97.

160. 汤超颖, 黄冬玲. 知识网络与创造力的国内外研究综述 [J].

科学学与科学技术管理，2016，54（3）：43 - 49.

161. 王飞绒，陈文兵. 领导风格与企业创新绩效关系的实证研究——基于组织学习的中介作用［J］. 科学学研究，2012，30（6）：943 - 951.

162. 王飞绒，胡祝琳. 组织成员的相互学习对组织知识的影响［J］. 技术经济，2014，3：8 - 13.

163. 王国猛，孙昊信宜. 情绪创造力对员工创新行为的影响：情绪社会构建理论的视角［J］. 心理科学，2016，39（1）：124 - 130.

164. 王慧. 知识性员工的情绪资本管理［J］. 企业管理，2008，3.

165. 王林，吴琼. 探索式创新、利用式创新与新产品开发绩效——环境动态性的调节效应研究［J］. 科技进步与对策，2014，15（31）：24 - 30.

166. 王林雪，卓娜. 领导风格、组织认同对创新型人才创新能力的影响研究［J］. 科学管理研究，2014，10（32）：102 - 106.

167. 王士红，徐彪，彭纪生. 组织氛围感知对员工创新行为的影响——基于知识分享意愿的中介效应［J］. 科研管理，2013，28（5）：130 - 135.

168. 王颖，张生太. 组织承诺对个体行为、绩效和福利的影响研究［J］. 科研管理，2012，29（2）：142 - 148.

169. 王桢，陈乐妮，李旭培. 变革型领导与工作投入：基于情感视角的调节中介模型［J］. 管理评论，2015，27（9）：120 - 131.

170. 王震，孙健敏，张瑞娟. 管理者核心自我评价对下属组织公民行为的影响：道德式领导和集体主义导向的作用［J］. 心理学报，2012，44（9）：1231 - 1243.

171. 吴亮，赵兴庐，张建琦. 以资源拼凑为中介过程的双元创新与企业绩效［J］. 2016，13（3）：425 - 431.

172. 吴隆增，曹昆鹏，陈苑仪，唐贵瑶. 变革型领导行为对员工建言行为的影响研究［J］. 管理学报，2013，8（1）：61 - 67.

173. 吴隆增，刘军，梁淑美，吴维库. 辱虐管理与团队绩效：团队沟通与集体效能的中介效应 [J]. 管理评论，2013，23（8）：151 - 159.

174. 谢玉华，陈佳. 新生代员工参与需求对领导风格偏好的影响 [J]. 管理学报，2014，11（9）：1326 - 1332.

175. 徐天舒，朱天一. 创新驱动发展战略下优势传统企业的创新特征——基于苏州 200 家科技创新企业的实证分析 [J]. 科技管理研究，2016，32（15）：1 - 7.

176. 徐康宁，郭听炜. 企业能力理论评述 [J]. 经济学动态，2001（7）：57 - 60.

177. 徐鹏，白贵玉，陈志军. 知识型员工参与激励与创新绩效关系研究——组织公民行为的非线性中介作用 [J]. 科学学与科学技术管理，2016，37（5）：129 - 138.

178. 杨春江. 心理授权与工作嵌入视角下的变革型领导对下属组织公民行为的影响研究 [J]. 管理学报，2015，12（2）：231 - 240.

179. 杨春江，冯秋龙，田子洲. 变革型领导与员工任务绩效：主动性人格和领导—成员交换的作用 [J]. 管理工程学报，2015，36（1）：39 - 46.

180. 杨春江，逯野，杨勇. 组织公平与员工主动离职行为：工作嵌入与公平敏感性的作用 [J]. 管理工程学报，2014，45（1）：16 - 25.

181. 杨建君，刘刃，马婷. 变革型领导风格影响技术创新绩效的实证研究 [J]. 科研管理，2012，30（2）：94 - 102.

182. 杨建军，张峰，孙丰文. 企业内部信任与技术创新模式选择的关系 [J]. 科学学与科学技术管理，2014，16（10）：94 - 104.

183. 杨建军，徐国军. 战略共识、知识共享与组织学习的实证研究 [J]. 科学学与科学技术管理，2016，36（1）：46 - 57.

184. 杨建军，杨慧军，马婷. 集体主义文化和个人主义文化对技术创新方式的影响——信任的调节 [J]. 管理科学，2013，26（6）：1 -

11.

185. 杨晶照，陈勇星，马洪旗．组织结构对员工创新行为的影响：基于角色认同理论的视角［J］．科技进步与对策，2012，5（9）：129－134.

186. 杨勇，马钦海，覃国威等．情绪劳动策略与顾客忠诚：顾客认同和情绪价值的多重中介作用［J］．管理评论，2015，27（4）：144－155.

187. 郁义鸿．企业的性质：能力理论的阐述［M］．北京：经济科学出版社，2001.

188. 袁凌，刘泽银．心理安全视角下组织伦理氛围与员工建言行为关系研究［J］．中国人力资源开发，2016，5（7）：48－54.

189. 占小军．情绪还是认知？主管不文明行为对员工工作及生活的作用机制研究［J］．管理评论，2017，29（1）：82－93.

190. 占小军．顾客—员工消极情绪感染机制研究［J］．当代财经，2014（7）：75－85.

191. 张敏，建设性争辩、团队情绪对团队成员创新行为影响实证研究．［J］．科技进步与对策，2013，6（30）：144－149.

192. 张敏，张一力．任务紧迫性下关系嵌入、情绪劳动及个体创新行为的关系研究［J］．管理工程学报，2015，2（29）：19－31.

193. 张新荣．知识员工的情绪管理［J］．企业改革与管理，2005（6）：32－40.

194. 张振刚，田帅．情绪劳动理论架构及其在企业文化建设中的应用——以广州某上市医药企业为例［J］．中国人力资源开发，2011（4）：46－49.

195. 郑晓明，刘鑫．互动公平对员工幸福感的影响：心理授权的中介作用与权力距离的调节作用［J］．心理学报，2016，48（6）：693－709.

196. 郑晓明，陈昊，龚洋冉．创业型企业股份分配设计与创业团队心理所有权的动态关系研究——基于中国创业型企业的双案例比较分析 [J]. 管理评论，2017，36（3）：242 – 260.

197. 郑晓明，王倩倩. 伦理型领导对员工助人行为的影响：员工幸福感与核心自我评价的作用 [J]. 科学学与科学技术管理，2016，30（2）：149 – 160.

198. 朱天一. 领导风格与员工工作满意的关系——组织公平认知为中介效果的研究 [J]. 经济管理，2012（6）：54 – 63.

后　　记

关于组织情绪能力的研究，国际上的研究方兴未艾，国内相关研究并不多见。本书的研究结论证明了转换型领导和组织公民行为是影响组织情绪能力的重要前因变量，拓展了领导风格理论和组织行为理论的研究视角，也是组织情绪能力相关研究的重要新发现。

从管理实践方面讲，随着社会的进步与发展，企业员工对于精神和情感方面的需求越来越高于物质的需求，企业情绪能力的重要性逐渐凸显，作为传统与新兴相结合的汽车制造行业，企业创新技术水平的提高更有赖于组织情绪能力等软性因素的建设。本书分析了组织情绪能力的重要影响因素，验证了中国企业背景下领导风格和组织公民行为对于组织情绪能力的积极意义，也为企业提升组织情绪能力，增强企业创造力提供了指导和借鉴。

本书是基于博士论文写成的。我要感谢我的博士生导师梅强教授。在博士学习期间，梅教授对我的学习和工作都给予了细致入微的关怀和指导。恩师的敬业精神和严谨的治学态度对我产生了深远的影响，不仅端正了我的研究态度、使我掌握了学术研究的基本方法，也对我的为人处世产生了深刻影响。感谢中国人事科学院孙锐博士。在博士期间我参与了孙博士主持的国家自然科学基金项目，这为我的博士论文选题指明了研究方向。

感谢江苏大学管理学院的施国洪教授、马国建教授、路正南教授、庄晋财教授在论文的开题过程中对我的有益建议和精准点评。感谢我长期工作过的单位中国重汽集团，感谢中国第一汽车集团、广州汽车集团、上海汽车集团、东风汽车、沃德汽车零部件、约斯特汽车部件、实用动力、大陆汽车电子、三角轮胎、威伯科汽车控制系统等相关单位接受本课题的调研和访谈，使我顺利地收集到研究所需资料。感谢我的同事王建华、李冠华、邱莎在前期准备和问卷调查环节对我的无私帮助。

最后，感谢我的家人。在繁忙的工作和学习中，给予我巨大的精神鼓励，为我提供了很大的支持。在此表示衷心的感谢。